0~3岁儿童早期发展指导
——育儿宝典

福建省计划生育协会
福建医科大学附属协和医院 编

海峡出版发行集团 THE STRAITS PUBLISHING & DISTRIBUTING GROUP | 福建人民出版社 FUJIAN PEOPLE'S PUBLISHING HOUSE

总 顾 问： 黄贤模　阮诗玮

顾　　问： 陈元仲　陈　奎　陈友茂

主　　审： 陈达光

参　　审： 刘腾发　李中芳

主　　编： 陈燕惠

编写人员（按姓氏笔画排列）：

陈　珊　陈燕惠　林晓霞　柯钟灵

插　　画： 翁炳峰美术团队

序一

XU YI

科学育儿是一种本领，如何学习好、掌握这一本领，在0～3岁这一生命中发展最为迅速和关键的时期格外重要。现实中，很多家长却不知道怎么样科学育儿，容易出现各种焦虑慌乱现象：遇到小孩发低烧就手足无措，只会急急忙忙跑医院；3岁孩子还包着纸尿裤，导致上幼儿园时不会自己上厕所；听到“不要让孩子输在起跑线”的宣传口号，就急急忙忙把孩子送到早教机构，生怕孩子智力发育落后……诸如此类现象，都源于家长对0～3岁儿童早期成长规律缺乏了解。福建省计划生育协会与福建医科大学附属协和医院儿童早期发展研究团队携手编写的这本《0～3岁儿童早期发展指导——育儿宝典》，对0～3岁儿童在每个时期应该如何科学养育、每个阶段应该掌握什么技能均有全面而科学的回答，同时，在婴幼儿生长发育、营养、疾病预防等方面，以及在情绪和社会性、语言、认知等方面的发展培养，也都有详细且可操作的指导。正如本书所说的，家庭是孩子成长的第一所学校，家长是孩子的第一任老师，促进儿童早期发展是家长的责任。作为家长或看护者，应该有意识地提升自身科学育儿的理念和技巧。这是一本针对家长进行指导的好教材，认真通读并传播这本书，您将会全面了解婴幼儿成长的规律，真正把握婴幼儿成长的关键期，对克服不正确的养育方式方法有很大帮助。

孩子的成长不会重来。由于种种原因，0～3岁儿童早期发展工作在过去相当长一段时间里得不到重视，发展缓慢，有些婴幼儿发育不正常的情况没有及时被发现，错过了早期干预、早期矫治的关键时期。当前，在农村地区，种植养殖方面的技术学习培训遍地开花，而对“人”的培育，即关于如何提高科学育儿水平方面的学习培训却很少，是无人问津的空白区；在城市地区，很多年轻家长虽然有着高学历、高智商，但科学育儿知识仍比较贫乏，因此会有很多误区。如何通过科学养育让婴幼儿健康成长，是各级各类培训教育工作中的“短板”和较为薄弱的环节，必须引起我们重视。

作为联系计生家庭和育龄群众的群团组织，福建省计划生育协会深入群众当中，了解群众需求，先行先试，创造性地开展儿童早期发展工作。我们在一些县（市、区）开展试点，融合卫生和教育资源，以0～3岁儿童及其家长为服务对象，构建“面向社区、指导家长”的0～3岁儿童早期发展家庭公益服务体系，形成专业人士和计生协会工作者互相补充的服务队伍，通过提供知识讲座、以亲子辅导活动为主要内容的科学育儿公益课程，普及0～3岁儿童早期发展理论，帮助家长塑造科学的养育理念，提高家长的科学育儿水平。

党的十九大报告提出了“幼有所育”的新要求，正是在发展中补齐民生短板、促进社会公平正义、完善民生建设蓝图的体现。希望各级党委、政府都来关心、关注儿童早期发展工作，加大投入力量，充分发挥卫生健康、教育、劳动保障、民政、计生协会、妇联等部门和群团组织的作用，创设良好的科学养育环境，把“幼有所育”的步子迈得再大些、再快些、再扎实些，把这件利国利民的好事办好，让每个儿童都能健康成长，享有一个幸福童年。

我们希望通过这本书的出版，让全社会和各级政府相关部门更加重视儿童早期发展工作，使这项关系民族振兴和国家未来的事业得到更快更好更健康的发展，为我国人口素质提高、创建幸福家庭做出新的贡献。

福建省计划生育协会会长　黄贤模

2018年3月29日

序二

XU ER

0～3岁是人生最重要的发展时期。因为儿童早期大脑发育速度非常快，刚出生的婴儿大脑重量相当于成人大脑重量的25%（350～400克）；到两岁时，大脑重量达到成人大脑重量的75%，但体重仅为成人的20%，所以大脑是先发育的。这就是说，儿童早期的发展非常关键，早期学习的经验，将直接影响今后的行为、认知、语言、情感和社会性方面的发展。比如，照料者的关爱会帮助儿童建立安全感，使儿童更容易与别人相处；如果儿童缺乏足够的关爱，会影响其今后的人际交往。

世界上许多国家很重视儿童早期发展工作，将其作为未来国家竞争战略的关键环节，把促进儿童早期发展当作重要国策。

党的十九大报告首次提出“幼有所育”，把其作为保障和改善民生的重要内容，体现了党和政府对保障婴幼儿健康发展的决心。幼有所育，即凡是幼童都必须得到应有的养育。0～3岁儿童养育，既包含保育，也包含教育。只有高质量的婴幼儿养育才能真正促进儿童的发展。

我国0～3岁儿童养育主要是通过家庭实现的。因此，对家长进行科学育儿知识及技能培训和指导，使家长能为儿童的健康成长提供合理的营养条件、安全和舒适的环境，并给儿童丰富的感知觉刺激，促进儿童健康全面和谐发展，事关民生福祉，是广大人民群众的迫切需求。

福建省0～3岁儿童早期发展促进工作一直走在全国前列。在20世纪80年代，福建医科大学附属协和医院以陈达光、陈燕惠、陈珊等为骨干的儿科医师团队，就开始对0～3岁儿童早期发展进行理论研究和实践探索，发表了系列研究论文。他们的研究成果多次被推介到全国及国际交流。与此同时，福建省还是全国最早通过地方立法推行儿童早教和潜能开发的省份（1999年）。我于2008年应邀参加由原国家卫生和计划生育委员会组织的对福州市鼓楼区创建国家级人口早教示范区的评审验收，2013年应邀到泉州市做“0～3岁早期综合干预与培养婴幼儿健全人格的研究”学术讲座，对福建省儿童早期发展工作的开展留下深刻的印象。十多年来，福建省计划生育协会坚持不懈推进科学育儿，积极探索面向社区、指导家长的公益服务模式，开展科学育儿知识“三进”活动（进社区、进农村、进家庭）和农村儿童早期发展的典型经验分享活动，受到社会的关注、群众的欢迎。

0～3岁儿童早期发展的科学育儿理念是“以养为主，教和养融合；满足需要，情感优先；丰富环境，顺应发展；因人而异，启发潜能”。但在实际生活中，这些科学育儿的理念没有能够完全被家长所了解和接受。科学育儿理念和方法的普及工作任重道远。

为此，福建省计划生育协会与福建医科大学附属协和医院儿童早期发展研究团队携手，集他们30多年来在儿童早期发展家长指导中的理论研究和丰富实践经验，编撰了《0～3岁儿童早期发展指导——育儿宝典》。这本书顺应时代发展，结合最新的科学实证研究，为家长提供许多切实可行的科学育儿理念，这对提升家长科学育儿水平、推进0～3岁儿童早期发展有深远意义。

儿童早期发展不仅关系亿万儿童的健康成长，而且关系千家万户的切身利益，关系国家和民族的未来。作为福建省儿童早期发展事业的见证人，我很欣慰看到福建省同行的努力成果，以及他们的敬业精神、创新精神、科学精神和求真务实的作风。谨借此书出版之机，祝愿在各位同行的齐心协力下，家长们能快速了解儿童早期发展知识，轻松掌握科学育儿技巧，营造立德树人的家教家风，促进儿童的体格、心理、认知、情感和社会适应性等方面健康发展。预祝儿童早期发展事业在大家的努力下兴旺发达！并希望这一著作能成为儿童早期发展指导领域中的优秀实用参考书。

北京协和医院儿科主任医师
中国协和医科大学儿科教授
中国优生优育协会理事
儿童发育专业委员会主任委员
鲍秀兰

2018年4月30日于北京

前言

QIANYAN

儿童早期发展是集儿童保健、脑科学、发展心理学和神经教育学等为一体的新兴前沿交叉学科。

中国自古就有这样一句话："3 岁看大，7 岁看老。"这句话已被现代科学证明是十分正确的。0～3 岁是儿童生理发展、心理发育最迅速的时期。脑科学研究显示，0～3 岁大脑发育迅速，极易受环境影响，早期环境刺激通过影响脑细胞的数量和细胞之间的联结，对大脑发育有长期影响。0～3 儿童的养护和教育对儿童终身发展具有重要的意义，其不仅与儿童将来智力的发展密切相关，还决定着其日后性格、品德和行为习惯的养成。

"福州开发婴幼儿智能（家长）培训中心"于 1997 年 5 月在福建医科大学附属协和医院成立，是我国第一所向社会开放的培训家长科学育儿的家长学校。福建医科大学附属协和医院儿童神经心理发育研究中心团队主编、获福建省第五届自然科学优秀专著二等奖的《0～3 岁小儿智能开发与教养》作为配套教材，1997 年由福建教育出版社出版，并由福建省优生优育协会发文推广至各卫生基层单位，帮助众多父母掌握了科学育儿知识，解决了养育过程中遇到的问题，深受广大儿科医师、儿童保健医务人员、早期教育工作人员等的好评，重编的呼声不断。

近期有几个原因促使我下大决心编写《0～3岁儿童早期发展指导——育儿宝典》这本书：一是党的十九大报告首次提出“幼有所育”，把其作为保障和改善民生的重要内容，体现了党和政府推进儿童早期发展事业的决心。二是福建省计划生育协会领导大力支持与邀请。多年来，福建省各级计划生育协会充分利用队伍网络健全的优势，开展科学育儿知识“进社区、进农村、进家庭”活动，创建国家、省级早教示范区和儿童早期发展项目点。现在他们力邀我编写此书，以引入更新的儿童早期发展理论和实践指导。他们对我们团队学术水平的认可和期待是鼓励和鞭策本书编写的强大动力。三是随着时代的变迁，儿童早期发展及脑科学研究的不断进展，社会经济文化的发展和家庭社会环境的变迁（如二胎出生、隔代抚养等），促进儿童早期健康发展迫在眉睫，帮助更多家庭掌握科学育儿知识、促进婴幼儿健康成长是我们儿科医师刻不容缓和义不容辞的责任。

本书在1997年出版的《0～3岁小儿智能开发与教养》的基础上，根据儿童身心发育规律及各年龄段特点，进行全面修订、调整、补充和更新，保持其应有的科学性、先进性和实用性，并使之与国际儿童早期发展研究新进展接轨。

本书分为五个章节——“宝宝成长知多少?”“给‘黄金期’宝宝的计划”“婴儿抚触及婴幼儿体操”“早期发展评估及预防接种”“做促进儿童早期发展的好父母”，叙述了儿童早期发展的重要性、指导儿童早期发展需注意的问题、促进儿童健康发展的具体措施。在“给‘黄金期’宝宝的计划”中，以“宝宝的发展”“宝宝的养护”“宝宝疾病的防范及安全防护”“异常行为的识别”“亲子互动”“父母‘加油站’”几个板块展开，在“宝宝的发展”中还以“温馨提示”的方式指导父母如何有针对性地对孩子进行发展性指导，开发孩子的潜能。“异常行为的识别”和“早期发展评估”是本书的又一特色，帮助家长、早期发展指导咨询师在家庭和社区自我监测及评估儿童发展状况，及时发现和矫治儿童的发育偏离，以促进儿童健康成长。

这本书是我们团队坚持努力的成果。全书系统严谨、重点突出、简明易懂，具有较高的学术水平和实用价值。本书撰稿者均为对儿童早期发展有系统深入理论研究和丰富临床实践经验的中青年专家，确保了本书信息的先进性、科学性和实用性。相信这本精心撰写的《0～3岁儿童早期发展指导——育儿宝典》，可以激发广大父母、儿童看护者、育婴师、从事早期教育的老师、儿科医师和医学生对儿童早期发展有更好的认识，成为促进儿童健康成长的有力帮手。

在此，我带着感恩的心情，对本书全体编审人员的通力合作和辛勤劳动表示最诚挚的感谢！对为本书编写和出版尽力的所有人员致以最崇高的敬意！

感谢福建省计划生育协会黄贤模会长的大力支持及为本书作序！

感谢我国著名儿科专家、北京协和医院儿科主任医师、知名母婴育儿专家鲍秀兰应邀为本书写序！

感谢我国著名的儿科学专家、我的恩师陈达光教授，他是我从事儿童早期发展研究事业的引路人！

感谢福建医科大学附属协和医院陈元仲院长，谢谢他长期对我们团队的信任、鼓励和支持！

感谢福建省计划生育协会的信任和认可，将这一本推广至成千上万家庭的育儿书的编写重任托付给我们！

感谢福建省计划生育协会陈奎副会长多年来对儿童早期发展事业的关心支持，并为本书撰写第五章“做促进儿童早期发展的好父母”！

感谢福建师范大学美术学院翁炳峰教授美术团队为本书精心创作插画！

感谢多年来支持我们团队并默默奉献的我们团队的家人！

此书出版，尽管反复斟酌，依然难免存在疏漏和错误，敬请广大读者和同道们指正。让我们共同努力，一起为促进儿童全面健康发展，为我国儿童早期发展事业贡献一份力量。

福建医科大学附属协和医院
福建医科大学儿童神经心理发育研究中心　陈燕惠

2018年5月6日

目 录 MULU

第一章　宝宝成长知多少？

第一节　宝宝成长的“黄金期”

家庭是儿童的第一所学校，父母是儿童最早的启蒙老师。儿童不仅承载着父母的期望，更是社会的未来希望、国家的未来栋梁。0～3岁是儿童大脑快速发展的关键期，也是体格发育与性格、习惯、品质形成的重要阶段，是奠定儿童一生成功与幸福发展的关键时期。

出生后头3年是大脑发育最快的时期。出生时，新生儿的脑重大约为成人的25%，在出生后的头3年，髓鞘形成和树突生长使得婴幼儿的脑重增加至出生时的3倍，大脑皮质单位体积内的突触数目（突触密度）也在3岁时达到顶峰（为成人的1.5倍）。3岁前，大脑皮层突触密度的急剧增加使婴幼儿的大脑在结构和功能上具有巨大的可塑性，此期间内接受良好、丰富的环境刺激，对婴幼儿神经纤维的联结、神经可塑性的建立以及认知、运动、语言、社会交往等方面的发展有很大的促进作用。如果错过这一时期的发展，将对儿童的一生造成难以挽回的伤害。狼孩卡玛拉的情况即是如此。

狼孩卡玛拉早年在狼群中生活，7～8岁时才回到人类社会，17岁死去。虽然经历将近10年时间的训练，但她始终未能学会按人类的生活方式生活，且智力极低。相反，日本军人横井庄一在二战期间美日第二次关岛战役后逃进深山，野居28年，于1972年被人发现，只经过81天的训练，横井庄一就适应了正常人的生活，回国并结了婚。这说明早期环境决定了脑发育的可能性。

促进0～3岁儿童的早期发展并不是单纯的知识灌输，而是在遵循儿童发展规律的基础上予以科学的发展性指导。有人研究发现，6个月以内婴儿的智力水平与他（她）的母亲和他（她）交往所花的时间总量成正比——生动的或社会性的刺激可使5个月的婴儿发出更多的声音，并表现出更多的指向性动作。我们前期的研究亦证明，1岁以内婴儿的智能发展与感官刺激的数量有关。因此，创造丰富生动的环境，用充满爱的语言和非语言进行互动交流，让婴幼儿在“玩”中探索周围的世界，对0～3岁婴幼儿的发展尤为重要。

第二节　儿童养育的误区

很多人对儿童早期发展的认识停留在个体经验的层面，而非基于现代实证科学的研究。从医学现代化进程中我们可以知道，个案创造的实际经验很难发展成系统、可靠的科学概念。

近年来，社会上流传的很多说法与做法都是对儿童早期发展的误解，如幼儿记忆力最佳，越早背书记得越清楚；早期教育是万能的，要样样学、样样精；很多未经科学研究证明的“先进仪器”“开智玩具”等进入儿童早期生活。事实上，在没有科学研究证明的前提下用各种仪器与方法去影响儿童的智能发展，对儿童是有伤害的。

个体良好的发展应建立在早期发展规律和科学养育上。人脑的构建是基因和后天经历不断互相作用的结果，要根据科学研究和脑发展的规律来确定什么样的教育对儿童更好、更合适。以脑科学为基础的儿童早期教育，才能保护儿童的脑，才能更好地发展儿童的能力。

第三节　学以致用，科学育儿

为了培养家长科学育儿的理念，提升家长科学育儿的技巧，本书中，我们将0～3岁分为12个年龄段，从宝宝的发展、养护、疾病的防范及安全防护、异常行为的识别、亲子互动等五大方面，对各阶段宝宝成长的特点及需要的帮助予以说明，并提供详细的可操作指导。在“父母‘加油站’”中，设计了可快速提升家长育儿技巧的三个板块，即“知识篇”“养护篇”“发展篇”，针对育儿过程中常见的问题及注意事项进行指导，期望家长们能增加科学育儿的知识，更有技巧地“因材施教”，促进孩子的发展。

孩子的成长是一个连续的过程。为了让家长学会科学地观察孩子，并及时识别孩子的发育异常，本书不仅在第二章中列出各年龄段孩子需要预警的行为异常，通过“小贴士”提醒父母注意观察记录孩子成长的里程碑；还在第四章“早期发展评估及预防接种”中设计了“宝宝生长发育监测卡”和家庭养育环境评估问卷等，希望家长们定期记录和评估家庭养育环境，通过科学的监测和评价，保障孩子早期健康发展。当孩子准备上幼儿园了，家长还可以根据入园准备能力评估来判断孩子是否已经做好准备、是否有能力去适应幼儿园的学习生活。

亲爱的家长，请保管好这本书，并认真学习。期待着您通过努力的学习，在陪伴孩子成长中也得到身心的成长。每个孩子的早期发展都不可能重来。我们会提醒您为孩子做好成长记录，当您的孩子满3岁时，您认真的记录将成为孩子成长最美的礼物。希望我们共同努力，一起为孩子创造一个美好灿烂的未来！

第二章　给“黄金期”宝宝的计划

第一节　产前准备

孩子是父母最美好的礼物。对于这个即将到来的新生命，准爸妈们情感涌动，既有期待与欣喜，也有慌乱和压力。以下指导可以帮助准爸妈们做好一些重要的准备工作。

一、准爸妈们的心理准备

新生命的到来将会影响整个家庭的全部节奏。准爸妈们兴奋之余也会担忧，担心没能力照顾和教育孩子，也担心自己的工作、生活受到影响。因此准爸妈们要做好以下心理准备。

1. 从知道新生命形成开始就要关注、学习育儿知识，包括孩子各阶段饮食起居的特点、生活上的照顾与护理、疾病的预防以及什么时候开始早期教育等，树立起教育好孩子的信心。有条件的话可以参加家长学校，接受科学的育儿指导。

2. 做好合理安排工作与照顾孩子的准备和计划。

3. 创建和谐的家庭环境，处理好家庭成员之间的关系，如夫妻关系、婆媳关系等。

4. 若是二胎，在怀孕开始就要引导大孩子做好接受弟弟妹妹的心理准备。大孩子可能会张开双臂欢迎，也可能会嫉妒，不管怎样都不要批评他，更不要惩罚他，应该给予更多的关心和抚慰，让他知道自己将要扮演的新角色，并相信父母会永远爱他。

5. 做好牺牲自己的兴趣、爱好的心理准备。

温馨提示

胎儿的健康在很大程度上受母亲的影响。从怀孕开始，母亲就要很好地照顾自己，定期做产前检查，保证富有营养的饮食和愉快的心情。家人，特别是父亲的陪同、帮助和支持，对母亲十分重要。母亲应避免不健康的习惯，如吸烟、熬夜、过度饮酒、药物依赖和缺乏运动等。让家成为充满和谐和关爱的、没有压力与烦恼的地方，这是父母迎接即将出生宝宝的最好准备。

二、初生宝宝用品的准备

随着预产期的临近，父母需要准备好初生宝宝的日常用品，包括婴儿床、3～4 套衣服、3～4 条包被、尿布、餐具（如奶瓶、奶嘴、碗和勺子等）、消毒用具、配方奶调配工具、洗澡用具和外出用的婴儿车、摇篮等。

1. 婴儿床的选择

（1）婴儿床要坚固、不易散架。床一定要有围栏，围栏栏杆的间隙不应该小于2.5cm，这样宝宝的手臂或腿不会因间隙太小被困住而进退不得；围栏栏杆的间隙也不可大于6cm，这样宝宝的脚不会滑出；围栏高度至少要60cm，这样宝宝不会爬出。随着宝宝的长高，可以逐渐放低床褥架，避免宝宝爬出摔伤。

（2）婴儿床靠头侧的三面可以放置缓冲垫，既可以保护头部，又可以挡风。但应注意缓冲垫不可过于柔软，防止造成宝宝意外窒息。

（3）床垫可选择乳胶垫或棕榈垫等。床垫大小要与婴儿床匹配，四周不要有空隙，以防宝宝陷进空隙里发生意外。

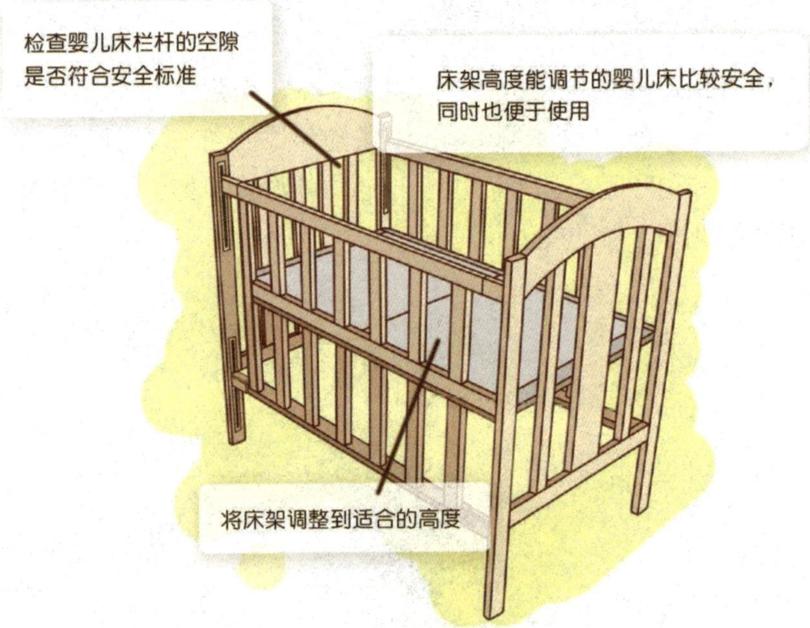

2. 婴儿被褥的选择

（1）应选用质地柔软、保暖性好、颜色浅淡的棉制品，不宜用合成纤维或尼龙制品，因为化纤织物不吸水、不透气，容易使新生儿皮肤起汗疱疹或患皮炎等。

（2）棉被、床单、被套等应多备几条，便于更换，以保持清洁干燥。为防大小便弄脏被褥，褥子上最好垫一块防水布。

3. 婴儿衣服的选择

（1）衣料

衣服的质地：婴儿皮肤细嫩，尤其是新生儿，衣料应以柔软、吸湿性和透气性较强的、对皮肤无刺激作用的全棉制品为宜。不选用化纤制品，因化纤类衣料不透气、吸湿性差，不仅穿着不舒适，且对皮肤刺激性大，容易引起皮肤过敏、沤汗或发炎，尤其不宜做夏装或贴身内衣。

衣服的颜色：1 岁以内的婴儿衣服及 2～3 岁幼儿的贴身衣服，应以浅色为宜，如白色、浅绿色、浅黄色、粉红色、天蓝色等，可用单色布或小碎花布。浅色、单色或碎花布易发现脏污，便于观察宝宝情况，及时清洗。

（2）样式

婴儿衣服的样式应宽大、舒适、便于穿脱和利于婴儿手脚的活动，同时要注意样式简单，以保持宝宝天真、活泼、稚气、可爱的面目。

斜襟衫：此样式最适合新生儿。因其无领，新生儿颈短，便于转头；身宽袖大，新生儿手臂弯曲，易于穿脱；衣服两侧有柔软布带结扎，无纽扣或揿纽，不易擦伤宝宝皮肤。

连衣裤：有长袖长裤及短袖短裤两种。前身中间开口，在裤腿处开裆，从领口处到裤腿处有纽扣或揿纽，穿脱衣和换尿布更方便。

4. 其他婴儿日用品的准备

(1) 尿布：可选择柔软、浅色的棉布或纱布做尿布，现在多用一次性纸尿裤，方便使用，但要选择透气性强的；应根据婴儿体重选择不同型号的纸尿裤；大部分新生儿每天要消耗约10片纸尿裤或尿布。

(2) 奶瓶：刚出生的宝宝可能因各种原因吸不到母乳，应提前准备好奶瓶、奶嘴，可以选用玻璃奶瓶、普通塑料奶瓶或带有柔软塑料内胆的奶瓶。内胆奶瓶使用很方便，而且有助于减少宝宝吮吸时吸入空气。

(3) 奶嘴：奶嘴的选择也很重要，可选择标准的橡胶奶嘴，还有专为早产儿和腭裂儿设计的奶嘴。不管选用什么样的奶嘴，一定要检查奶嘴上孔的大小，若奶嘴孔太小，宝宝会吸得很费劲且吸入很多空气；若孔太大，出奶太快，会呛到宝宝。最适合的孔径是奶嘴朝下时，奶液能以每秒一滴的速度溢出，若奶液溢出成线状或滴出太慢都不适合。

(4) 洗澡用具：准备一个洗澡用的大塑料盆，通常为椭圆形，便于宝宝躺着洗。准备洗澡后擦干用的大浴巾和洗脸的小毛巾若干条，并备好婴儿沐浴露和婴儿肥皂。

（5）婴儿车和摇篮：婴儿车和摇篮方便出行时使用，选择样式取决于家长的生活习惯和当地的气候。

父母“加油站”

知识篇

Q：应该如何进行胎教？

A：现代医学证实，胎儿已具备运动、感觉、听觉和触觉等能力，因此，进行科学的良性刺激即胎教，有助于胎儿能力的发展。

（1）孕妇要做好心理、生活和物质准备。研究表明，孕妇在怀孕期间的心理、生理状态对胎儿将来的身心、智力发展会产生影响。孕妇要保持心情愉快，工作和生活环境稳定；要营养充足、合理；要适当运动，亲近大自然。

（2）实行胎教可从怀孕4～7个月开始，胎教方法有：

①听音乐：选择明朗、柔和的音乐，每天定时播放2～3次，每次10～20分钟。

②抚摸腹部：轻轻抚摸胎动部位，加深母胎间的心灵交流。

③和胎儿说话：每天和胎儿说话2～3次，给胎儿讲故事。这是刺激胎儿发展的好方法。这种交流可为其日后语言发展打下良好的基础。

Q：音乐胎教是把播放器直接放在孕妇肚皮上给胎儿听吗？

A：音乐胎教越来越多地受到人们的关注。许多人误认为音乐胎教就是把音乐播放器放在孕妇肚皮上给胎儿听，但是事实上这并不科学。研究显示，如果把传声器放在孕妇肚皮上，未经过安全控制的声波直接进入人体，会对胎儿耳基底膜上的短纤毛造成强烈刺激，导致有的宝宝生下来就听力缺损。在音乐胎教中，建议使用60分贝以下、2000赫兹以内的声音，但孕妇子宫血管血流的噪声在70分贝以上，因此，宝宝在母亲的子宫里很难听清所播放的内容。另外，未经电磁屏蔽的传声器会产生电磁辐射，也可能对胎儿和孕妇造成伤害。其实，音乐胎教最主要的作用是利用柔和的音乐令孕妇心情放松，保持愉悦、平和的情绪，从而促进子宫内宝宝的发展。父母应正确认识音乐胎教，不可盲目操作。

Q：胎儿需要什么样的营养？

A：（1）热量：热量是胎儿生长发育的能源，主要来自孕妇主食，如米、面等。脂肪也是热量的来源之一，对胎儿脑发育有重要影响。

（2）蛋白质：蛋白质是构成人体的主要成分，是胎儿生长发育的基础原料，对脑发育尤为重要，主要来自动物蛋白，如鱼、肉、蛋等。

（3）维生素：维生素是胎儿生长发育不可缺少的元素，如维生素A能促进机体生长和骨骼发育，维生素D具有抗佝偻病的作用。

（4）叶酸：叶酸与细胞分裂和增长相关。叶酸缺乏会导致胎儿神经管畸形，如无脑儿、脊柱裂、脑积水等。研究表明，育龄妇女在妊娠前3个月至孕早期3个月内每天服用0.4mg叶酸，可以有效预防50%～80%神经管畸形的发生。

养护篇

Q：应该为宝宝选择什么款式的衣服？

A：便于穿脱是考虑宝宝衣服样式的一个重要原则。新生儿及小婴儿的衣服可选择斜襟衫和连衣裤，穿脱方便，既保暖又不致弄伤宝宝的皮肤。稍大宝宝的内衣可以是套头的棉毛衫，领口大些；罩衣用倒穿衣。不要购买脖颈、胳膊及腿部比较紧的衣服，以及带有领带的衣服，因这些衣服存在安全隐患，且穿起来不方便。给初生的宝宝可买大一些的衣服，因为宝宝长得很快，可能一周后就不能穿初生时穿的衣服了。

Q：要给宝宝准备什么样的床垫？

A：宝宝不宜睡柔软的床垫，如沙发床、弹簧床等。因为婴幼儿期是宝宝骨骼发育最快的时期，此时骨骼中含有较多的胶原蛋白和骨黏蛋白，它具有柔软的特点，同时韧带和脊柱周围的肌肉很弱，很容易导致脊柱和肢体骨骼变形。软床不能保持宝宝正常的平卧姿势，会阻碍宝宝身体的正常发育，使肌肉生长不匀称。质地坚硬的硬板床，也不利于宝宝全身放松和休息，会影响宝宝睡眠，使宝宝容易产生疲劳。可为宝宝准备乳胶垫或棕榈垫等。

发展篇

Q：迎接宝宝出生，父母要注意的事项有哪些？

A：（1）关注、学习育儿知识，如参加家长学校，接受优生优育、科学育儿指导。

（2）创造和谐的家庭氛围。

（3）做好迎接宝宝的心理、生理和家庭环境准备。特别是准妈妈，要注意孕期的健康、饮食、环境、心理等各方面的保健，通过科学的护理、均衡的营养、正确的锻炼以及自我情绪的调控，为胎儿提供一个良好的内外生长环境。

Q：如何帮助大宝适应小宝的到来？

A：妈妈在怀孕期间就可以开始培育大宝当哥哥姐姐的感觉了。例如，让大宝唱首歌给肚子里的小宝听、用手抚摸妈妈腹部感受小宝的成长；平时看电视、讲故事的过程中，向大宝描述多子女家庭生活的有趣故事，让大宝了解兄弟姐妹会带来快乐。小宝出生前，要提前告诉大宝：弟弟妹妹出生后可能会发生的变化，如妈妈去医院分娩，可能要离家几天；小宝刚出生，还很小，什么事都不会做，但会慢慢长大。让大宝对小宝有一个大致的预期，而不会有心理落差。

第二节　宝宝的发展与养育

一、初生的宝宝

平均体重：3.32kg（男童）
3.21kg（女童）
平均身长：50.4cm（男童）
49.7cm（女童）
平均头围：34.5cm（男童）
34.0cm（女童）

· 哭声响亮
· 每天2/3的时间都在睡
· 会自发性微笑
· 对声音、光线有反应

（一）宝宝的发展

1. 顺产的宝宝刚娩出，助产护士为宝宝清理口腔和鼻腔后，就能听到宝宝响亮、清脆的哭声，意味着新生命开始了。

2. 助产护士给刚出生的宝宝擦干身上的胎脂、羊水并断脐、包裹后，宝宝会慢慢睁开明亮的眼睛，充满好奇地看着你，一动不动地注视着你，说明宝宝有短暂的听和看的能力。

3. 初生的宝宝具有与生俱来的觅食和吮吸能力。用手指触碰宝宝的面颊，宝宝会将头和嘴倾向你，这就是初生宝宝的觅食反射。用蘸了糖水的棉签碰到宝宝的嘴唇，他会迅速吸住棉签用力吮吸起来，这就是初生宝宝的吮吸反射。若没吃到食物他就开始哭，这时将乳头放到宝宝的小嘴里，宝宝会很有力地吮吸起来。

温馨提示

- 爱是维系你和宝宝关系的核心。无条件地去爱宝宝，为宝宝提供安全的环境，理解宝宝的行为，并做出积极的应答。
- 在宝宝觉醒时充满爱心地和宝宝对视，引逗、抚触宝宝，保持愉快情绪，对促进宝宝的发展很有帮助。

（二）宝宝的养护

1. 宝宝一娩出，助产护士就会迅速吸去留在宝宝鼻腔和口腔的羊水，并用预热好的毛巾擦干宝宝身上的羊水和胎脂，断脐后用包被包裹好宝宝；在产房观察宝宝的哭声、肤色、反应、体温、呼吸、脉搏、血压、吮吸反应等，半小时后无异常就会送回到妈妈身边。

2. 宝宝出生后半小时内就要开始喂奶，以后按需或每2小时喂养一次，一般一次15～20ml。初生的宝宝吮吸和吞咽能力偏弱，所以喂奶后要半竖着抱一会儿，以免溢奶或吐奶。

3. 要观察和记录宝宝什么时候开始排大小便；排大小便后要及时换尿布，避免造成红臀（又称“尿布皮炎”）。

4. 最好选择朝南向阳的房间作为宝宝的居室。室内气温冬季保持18℃～20℃，夏季25℃左右，湿度50%左右。关于衣着，通常新生儿的衣服要比大人多一件，穿后摸摸宝宝的颈项部或手心，若是温的则说明衣服的厚度正好，若皮肤较凉则要多加衣服。初生的宝宝可以穿一件斜襟衫和开裆裤，然后用包被或大毛巾包裹。冬天出生的宝宝，外面再盖上一条小棉被就够了。初生的宝宝平躺，不需要睡枕头。

5. 初生的宝宝睡眠没规律，吃饱了就睡，每日三分之二的时间都在睡。

（三）宝宝疾病的防范及安全防护

1. 宝宝出生时，医生会对宝宝进行常规体检。当宝宝放到父母身旁后，父母或看护者要随时观察宝宝的哭声、肤色、体温、活跃程度、呼吸节律等。若宝宝面色发紫、四肢发凉或发紫、不吃、长时间睡觉、呼吸不规则等，应及时咨询医生。

2. 初生宝宝吮吸及吞咽能力比较差，易溢乳或吐奶，父母或看护者要密切观察，防止误吸和呛奶发生。若是人工喂养，应注意奶温不能太高，以免烫伤宝宝口腔；喂奶时奶瓶应与宝宝的脸成90°，使奶液没过瓶颈，完全充满奶嘴，防止宝宝吸入过多的空气，同时不要使奶嘴压迫宝宝嘴唇，以免影响宝宝下颌骨发育。

3. 健康的宝宝在出生后24小时内，护士会按照预防接种卡给宝宝接种卡介苗和乙肝疫苗。

4. 婴儿床应安置在父母或看护者随时能够看到的地方，室内的灯光应柔和，同时不要让阳光直射小床，以免伤害宝宝脆弱的眼睛，影响宝宝视觉发育。

（四）异常行为的识别

宝宝出现以下情况，应及时咨询医生。

1. 哭声小，过分安静，吃得少或不爱吃。

2. 出生后24小时内没有排大小便。

3. 体温不正常、四肢发凉或身体发热。

4. 呼吸不规则或浅快，面色发紫。

5. 肢体频繁不自主地抖动或双眼上翻。

担心的问题：

- 皮肤黏膜颜色异常，如皮肤苍白、黄染、口周发紫等。
- 过分安静。
- 异常哭闹，难以安抚。

（五）亲子互动

1. 给宝宝喂奶时或宝宝清醒时，妈妈要多跟宝宝说话，逗逗宝宝。

2. 宝宝在觉醒状态时，给宝宝看红颜色的物体，跟宝宝说话、唱歌或放轻音乐给宝宝听。

父母“加油站”

知识篇

Q：如何做个好父母？

A：（1）给宝宝无条件的爱，但绝不是溺爱。

（2）帮助宝宝健康成长。这需要父母长久的支持、鼓励和信任。

（3）用你的好情绪感染宝宝，培养宝宝的快乐感。宝宝生活越愉快，好奇心越强，学习能力就越高，拥抱生活的渴望就越强烈。

（4）通过科学的护理、均衡的营养以及正确的锻炼给宝宝一个健康的身体。

（5）提供安全的家庭生活环境，避免意外伤害发生，也要避免心理创伤的形成。

（6）教会宝宝生活的基本技能，避免过度呵护和自主能力剥夺。

（7）给宝宝做出好的表率，善于表达对宝宝的爱，遇事多与宝宝沟通与交流。

Q：为什么刚出生的宝宝皮肤看起来覆盖了一层白色奶酪样物体？

A：刚出生的宝宝体表覆盖有一层白色奶酪样物体，医学上称为“胎脂”。胎脂是怀孕末期由胎儿皮肤中的皮脂腺分泌产生的。出生时宝宝身体表面也沾满了羊水以及少许母体阴道口的血液。由于湿润和产程中的压力，宝宝的皮肤尤其是面部皮肤看起来有些皱缩，像个小老头似的。

Q：如何预防宝宝生病？

A：初生的宝宝抵抗力差，父母或看护者护理前要洗净双手，避免过多的人探视，不要在宝宝所在的房间里看电视、吸烟。刚出生的当天不要给宝宝洗澡，因其体温调整能力差，易出现低体温。

养护篇

Q：初生的宝宝母乳喂养与人工喂养哪一种更好？

A：母乳喂养更好。母乳营养丰富且含有各种抗感染因子，对宝宝很有利。为了更好地泌乳，应在出生后半小时内尽早让宝宝吮吸乳头，虽然宝宝还不熟练，但要帮助宝宝学习吮吸。有些时候母亲太疲劳了，乳汁分泌少，或因其他疾病原因暂时不能哺乳，应预先准备配方奶，用勺小心喂哺宝宝，以免宝宝发生低血糖。初生的宝宝口腔触觉非常敏感，如果使用奶嘴喂养，容易导致乳头混淆，使宝宝不会正确吮吸乳房，干扰母乳喂养，故应避免在宝宝出生后的第一个月内使用安抚奶嘴。

Q：母亲应如何哺乳？

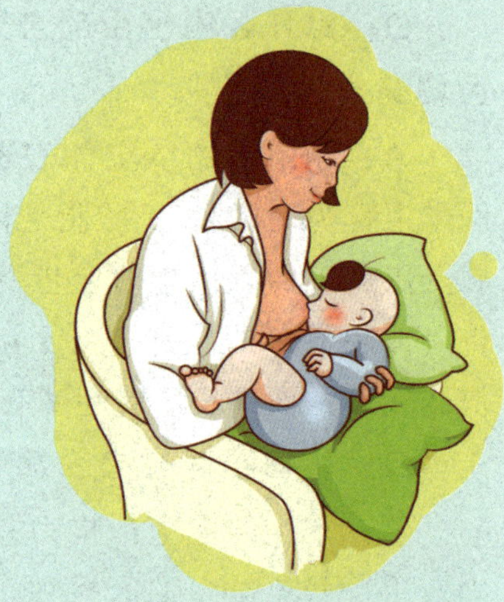

A：每次哺乳前需做好准备，如为宝宝换好尿布，换完后洗手，用洁净的湿毛巾擦拭乳头及乳晕周围。母亲选择一个让自己舒适的姿势喂奶，可坐着或侧卧。若选择坐着喂奶，最好坐在扶手椅里，用垫子支撑自己的背部和手臂，最好有个脚垫，坐得舒服些；让宝宝靠在母亲大腿上，将头贴近乳房，整个身体朝向母亲，这样母亲才能放松地喂奶，宝宝也才能放松地吃奶。母亲可以选择躺着喂奶，用手支着头或头枕着枕头，将宝宝放在身旁，整个身体朝向母亲，吮吸乳房。

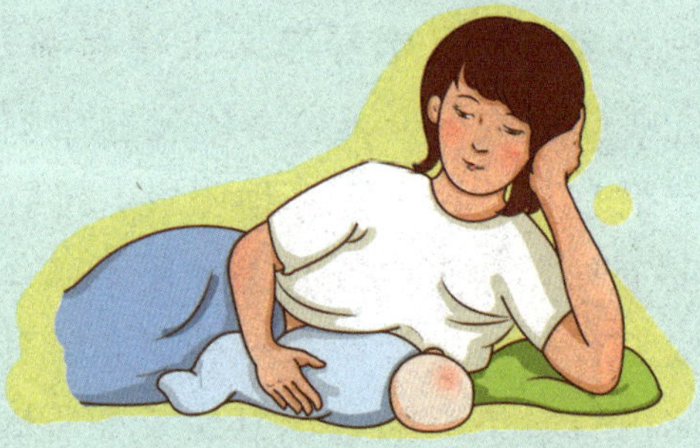

Q：怎样做才能让宝宝很好地含住乳头吃到奶？

A：母亲可以帮助宝宝将整个乳头及大部分乳晕含在嘴里。若宝宝不能正确地含接乳头，不要强行拉开，以免乳头疼痛；可用一个手指头放在宝宝牙龈上，轻轻地使宝宝张嘴，中断吮吸，然后再重新帮助宝宝将整个乳头及大部分乳晕含进嘴里。

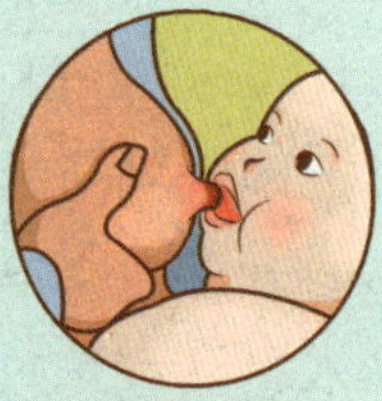

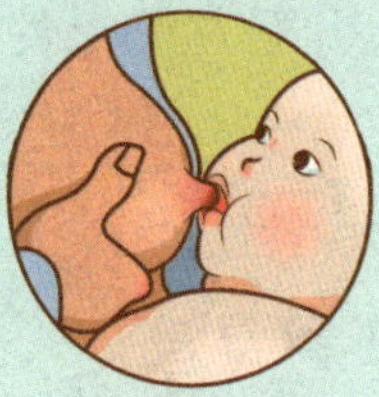

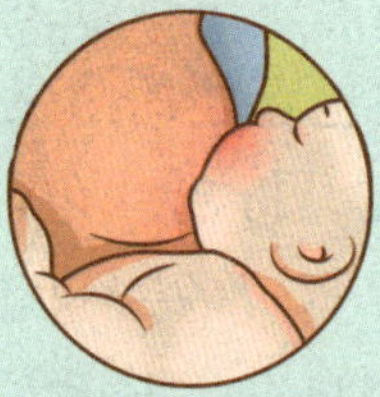

Q：要间隔多长时间给宝宝喂一次奶？

A：应按需喂奶，即宝宝饿了就喂奶。刚出生不久的宝宝吃奶时间没有规律，只要坚持下去，随着乳汁分泌的增多，就能逐渐满足宝宝的需求，母亲和宝宝都会建立起更有规律的哺喂程式。

Q：一次哺乳的时间需多长？

A： 建议按需哺乳，一般宝宝每次吃奶需要 10～20 分钟，有的宝宝甚至要 30 分钟，顺其自然是最好的策略。

Q：出生时没母乳怎么办？

A： 宝宝出生后，母亲的乳房开始泌乳，乳汁的分泌有其规律——开始喂奶的头 1～2 天，宝宝每次吮吸，母亲乳房可分泌乳汁约 15ml，4～5 天后每次乳汁分泌量可达 30ml，1 周后可分泌乳汁 60～180ml。只要坚持早吮吸、早开奶、频繁吮吸，采用正确的哺乳姿势、正确的喂奶方式并放松心情，母亲分泌的乳汁是够宝宝吃的。如果按照上述处理，母乳依然分泌不足，或因疾病的原因存在母乳喂养的禁忌症，才考虑选用配方奶喂养。

发展篇

Q：如何让宝宝感到舒适？

A： 出生后几周内的宝宝大部分时间被包在小毯子里，这样不仅可以保暖，被包裹住的感觉也让宝宝很有安全感。打襁褓时先将毯子平铺，折起一角，将宝宝仰面放在毯子上，头朝折角方向，将左边的一角盖过宝宝身体，塞到宝宝身体下方；下边一角折起，包住宝宝的脚；最后将右侧一角向左侧包住宝宝，只露出头和脖子。详见后图。注意不要包裹太紧，要保证宝宝的屁股和腿能自由活动。若给初生的宝宝安全、温暖的环境，宝宝会以独有的方式和你交流，适应世界。

给新生宝宝打襁褓

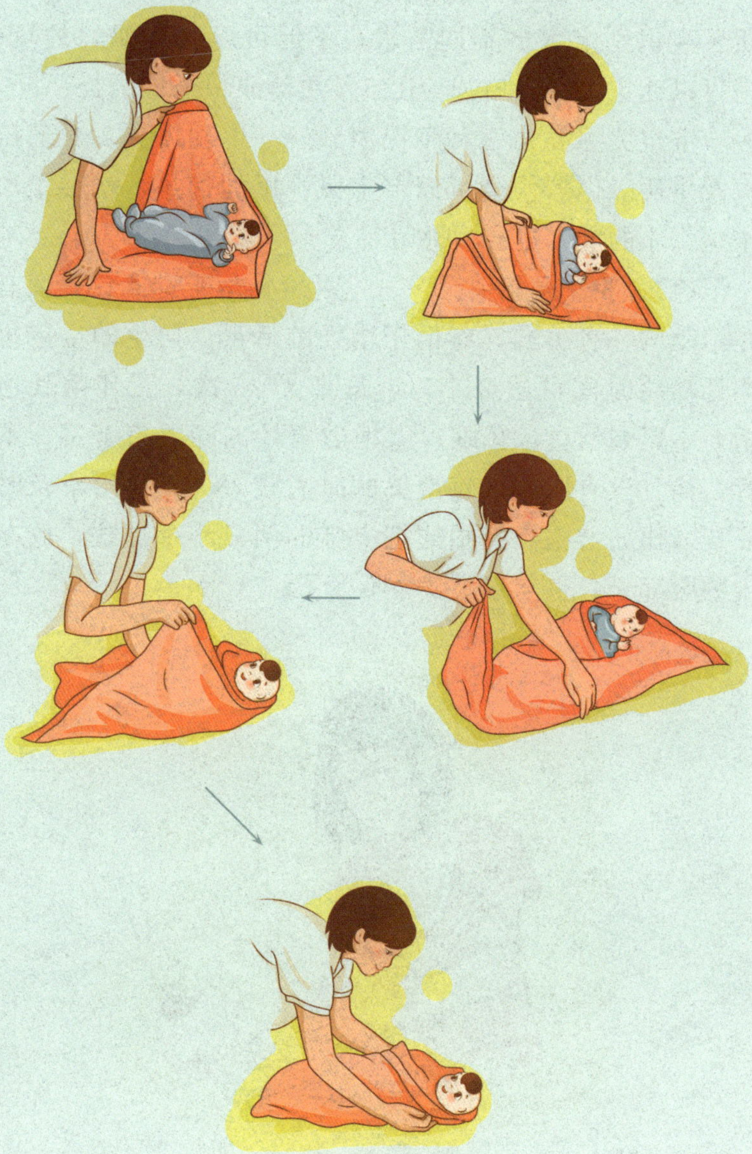

Q：宝宝的哭声，你听懂了吗？

A：哭是初生宝宝和他人交流的主要方式。懂得如何听哭声识别宝宝的不同需求，不但可以减轻妈妈的负担，还可以让宝宝少受痛苦，让宝宝更健康快乐地成长。

宝宝哭主要由三种情况所致——生理需要、心理需要以及生病。你若学会听懂宝宝哭声里的信息，就会发现原来这么小的宝宝也会“说话”！

(1)“我只是想哭哭”——对于初生宝宝来说，哭有时是运动的一种方式，有助于增强肺活量。初生的宝宝每日累计啼哭时间可达 2 小时，每日 4～5 次，无伴随其他不适，不影响饮食、睡眠。这种健康性的啼哭有节奏、不刺耳，而且没有眼泪，每次哭的时间较短，只要给予及时的安抚，比如搂抱、轻拍或把宝宝的两只小手握住，放在宝宝的腹部上，宝宝很快就会不哭了。

（2）“我饿了”——哭声由小变大，很有节奏，不急不缓，哭的时候头来回转动，小嘴一碰到东西就会有吮吸的动作，若把东西拿开，不给吮吸，就会哭得更厉害；一旦喂奶，哭声戛然而止，吃饱后还会露出笑容。若宝宝因未正确含接母亲乳头，未能吸出足量的乳汁，会吮吸几下就哭起来，接着又着急地吮吸几下，再哭起来，反复多次，哭声洪亮。

（3）“我太热/冷了”——包裹过多，宝宝会感觉燥热，哭得满脸通红，头身出汗；宝宝冷的时候，哭声低弱些，手脚冰凉、身体蜷缩，甚至脸色苍白。

（4）“我睡不好”——啼哭呈阵发性，不耐烦地号叫。父母或看护者应检查是否因室内人太多、声音嘈杂、空气污浊、过热或光线太强影响了宝宝睡眠。

（5）“我要人陪陪”——当宝宝撒娇或想引起大人的注意时，就会头部左右不停扭动，哭声平和，带有颤音。妈妈来到宝宝跟前或轻拍宝宝时，宝宝的啼哭就会停止或有“哼哼”的声音，这是想让妈妈抱抱的意思。

（6）“我生气了”——此时的哭声与撒娇时相比，声音更高，甚至有些尖厉刺耳。

（7）“我很难过”——当宝宝感到难过的时候，哭泣的声音比较低沉，有点像呜咽声。

（8）“我要便便/尿布湿了”——因尿布湿了或排便前肠蠕动加快，宝宝会感觉不适，哭声低，大多在睡醒时或吃奶后啼哭，哭的同时两腿蹬被。当宝宝排便了或为他换上一块干净的尿布后，宝宝就不哭了。

（9）“我真的被伤害/生病了”——当宝宝遭受异物刺痛、虫咬或身上被硬物压了，哭声会突然尖厉，要及时将宝宝抱起，检查宝宝的被褥、衣服中有无异物，观察皮肤有没有被蚊虫咬伤等。若宝宝长时间哭声刺耳或哭声过于低落，少动、表情痛苦，难以安慰，不肯吃喝，或伴有其他症状如发热、腹泻、腹胀等，这提示宝宝生病了，要去咨询医生。

如果宝宝大哭不止，而妈妈一时还无法判断原因的话，可以先把宝宝抱起来，让宝宝靠在自己的左胸上，倾听自己的心跳声。对初生的宝宝来说，倾听母亲的心跳声，能让宝宝回忆起子宫内的环境，是一个很不错的安抚方法。

小贴士：爸爸妈妈，快去完成你们的任务吧！

1. 我的到来是咱们家庭的新篇章。我每一天的成长，都承载着爸爸妈妈的关爱和呵护。请翻到第四章，从今天起，就开始标记好我的成长记录吧，那将是我成长的见证！

2. 你充满爱意的关注，会使我有乐观向上的情绪。请拍摄下我被你拥抱、与你对视、不同哭闹的表情吧！这些都是我成长的里程碑！

二、1周～1个月的宝宝

平均体重：4.51kg（男童）
4.20kg（女童）
平均身长：54.8cm（男童）
53.7cm（女童）
平均头围：36.9cm（男童）
36.2cm（女童）

- 手脚活动对称
- 哭声响亮
- 喜欢眼神交流
- 最喜欢的事：吃奶

（一）宝宝的发展

1. 能看见东西，最佳视觉距离在眼前20～30cm之间。宝宝会慢慢睁开明亮的眼睛，带着好奇心，安静不动地注视你，眼睛明亮发光。

2. 听得到，并且对声音有一定的定向力。当宝宝在安静觉醒状态时，在其耳旁10～15cm处轻声叫唤，宝宝就会变得警觉起来，会将眼、头倾向声源。宝宝不但会看会听，而且对声音有自己的喜好，喜欢听妈妈的声音，喜欢听父母引逗宝宝时用的温柔的语气和高音调的声音（父母第一次和宝宝交流时都会本能地提高音调）。

3. 对不同环境的温度、湿度以及物体的质地和疼痛有敏锐的感受能力，也就是说宝宝已具有冷热、疼痛的感觉，喜欢温暖和柔软的物体。嘴唇和手是宝宝触觉最灵敏的部位，在不高兴时或饥饿时就会通过吮吸手指来安抚自己。

4. 具有良好的味觉能力，从出生后就能精确地辨别食物的滋味。出生仅1天的宝宝对不同甜度的糖水就有不同的吮吸强度及吮吸量，喜欢甜度高的糖水；对酸的、苦的食物会有不愉快的表情和拒绝吮吸的动作。

5. 具有惊人的嗅觉能力，能认识和区别不同气味。当宝宝刚闻到一种气味时，有心跳加快、活动量改变的反应，并将头转向气味源的方向，表示他对这气味感兴趣；一旦适应这种气味，反应就会很快消失。宝宝喜欢自己母亲的气味，只要母亲一靠近，就能感觉出来。

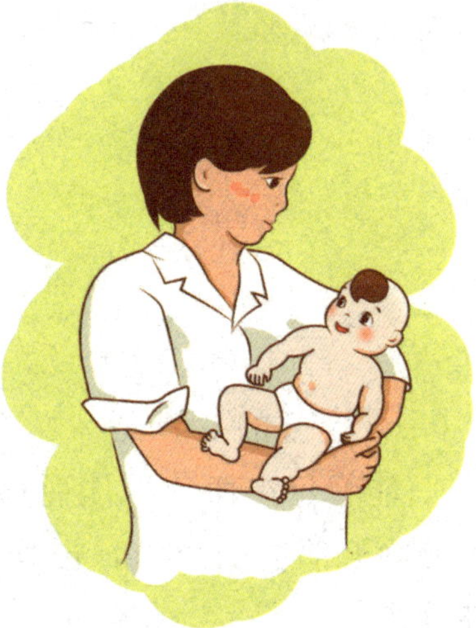

6. 具有交流能力，会用不同的哭声来表示自己的要求，还会用表情尤其是眼神来交流，如注视、皱眉或微笑等。

7. 有一定的运动能力，能俯卧抬头 2～3 秒；有含吮手指的能力。

温馨提示

- 宝宝一出生就具有视、听、触、嗅、味觉，具备与人交往的能力。此时宝宝虽然很脆弱，但如果给宝宝一个安全、温暖的环境，宝宝会以独有的方式适应世界。
- 当宝宝哭时，应该细心寻找宝宝哭的原因。

（二）宝宝的养护

1. 尽量坚持母乳喂养，每次持续喂奶时间约 20 分钟。有时宝宝不在身边或需要外出，母亲应用手或吸奶器将奶挤出，以保持泌乳。

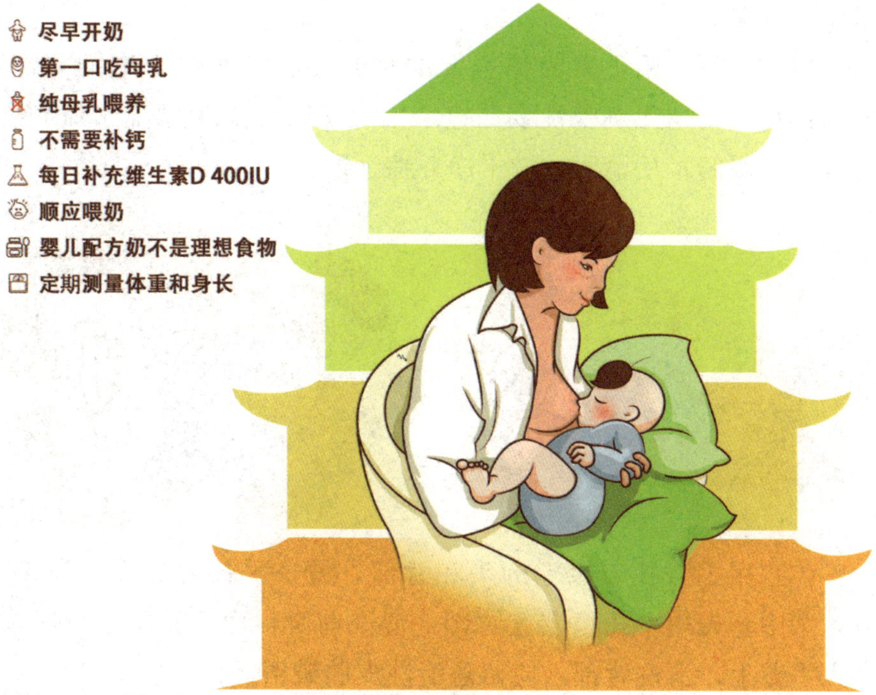

2. 新生儿刚经历了从子宫内寄生到子宫外独立生活的巨大变化，各器官能力较差，抵抗力也差，所以需要生活在空气清新、温度适宜的环境，即室温 22℃～25℃、湿度 50％～60％。室内禁止吸烟，经常通风（避免穿堂风），谢绝探望，避免交叉感染。

3. 新生儿代谢旺盛，需要每天洗一次澡。给宝宝洗澡的方法如下。

（1）先脱下宝宝的衣服，用大浴巾包裹宝宝，放在大腿上；用凉开水浸过的软毛巾由宝宝眼睛的内侧向外侧轻轻擦洗，然后洗脸部、

鼻子、耳朵。

（2）洗头：用手臂支撑宝宝的背部，手掌扶住宝宝的头部，使头部后仰，用无刺激性婴儿皂给宝宝洗头；避免肥皂水流到脸部或进入眼睛；用清水冲洗干净并擦干。

（3）用手臂托着宝宝的头和背部，另一手托着宝宝的臀部，放入水中；先用手托稳宝宝背部，清洗前身，而后让宝宝俯卧在大人手臂上，清洗背部。应留意清洗皮肤皱褶部位。

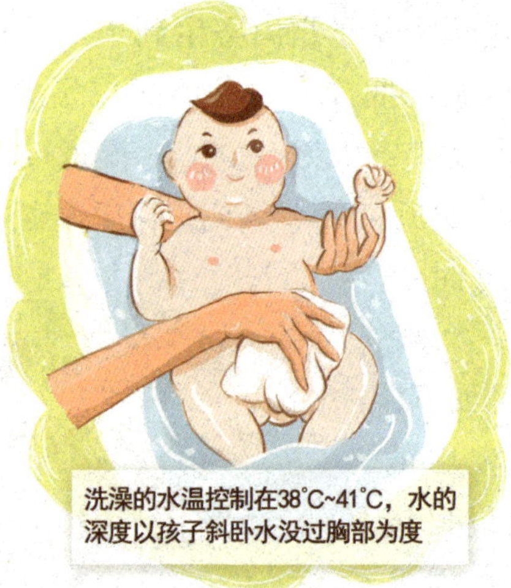

洗澡的水温控制在38℃~41℃，水的深度以孩子斜卧水没过胸部为度

（4）洗完后一手托着宝宝的头部，另一手托着宝宝的臀部，把宝宝从水中抱出；用预热好的浴巾包裹并擦干水，特别注意擦干颈部、腋下及大腿根部的皱褶处。

4. 新生儿的睡眠占他们生活的大部分时间，年龄越小睡眠时间越长，一般每天睡13～18小时，每次睡眠持续时间很少超过4小时。

（三）宝宝疾病的防范及安全防护

1. 新生儿的皮肤娇嫩，应保持清洁，尽量做到每天洗澡。洗澡宜用无刺激性婴儿皂，浴后用软毛巾吸干水分，不宜揩擦。大便后要及时清洁会阴和臀部。脐残端未脱落的宝宝，洗澡后要用安尔碘或75%酒精清洁、消毒脐部，以防感染。脐部不要用纱布覆盖，有利于脐残端干燥和脱落。

2. 宝宝出生15天起应开始补充维生素A和维生素D，因为不管母乳喂养还是人工喂养，都不能满足2岁内宝宝维生素A和维生素D的生理需要。婴儿每天需要摄入维生素A 1200 IU（国际单位），维生素D 400 IU。维生素A和维生素D对预防呼吸系统疾病及佝偻病的发生有很好的作用。母乳或配方奶中钙量较高，故宝宝一般不需要补钙。

（四）异常行为的识别

宝宝有以下表现之一，应及时咨询医生。

1. 对声音无反应。

2. 不能注视或追视人脸。

3. 不会竖头或竖头不稳。

4. 抱起时头明显向后仰。

担心的问题：

- 对很大的声音没有反应。
- 不会注视、追随人脸。
- 抱起时身体僵直或松软。

（五）亲子互动

1. 宝宝安静觉醒时和宝宝面对面说话，吸引宝宝的注意力并慢慢移动你的头，在宝宝耳边轻轻呼唤宝宝，宝宝会将头转向你。

2. 用颜色鲜艳的小球或发出柔和声响的玩具引逗，也能引起宝宝看和听的兴趣。

3. 抚触是建立良好亲子关系的很好的方式。宝宝出生2～3天适应了生活环境后，就可以开始做婴儿抚触了。婴儿抚触的具体方法见第三章。

父母“加油站”

知识篇

Q：纯母乳喂养可以满足宝宝成长的需要吗？

A：母乳是婴儿最理想的天然食物。母乳不仅营养丰富，而且经济、方便、安全。随着宝宝食量的增加，母亲的乳汁分泌也会增加。母乳中的成分是随着宝宝生长发育而动态变化的，营养均衡的母亲分泌的乳汁可满足6个月以内宝宝的营养需求。世界卫生组织（WHO）建议纯母乳喂养至少6个月，因各种原因无法进行母乳喂养时首选配方奶粉，按年龄段选用，按需喂养。

Q：新生儿有哪些特殊的生理现象？

A：新生儿特殊的生理现象包括以下几种。

（1）生理性黄疸：由于新生儿胆红素代谢的特点，50%～60%的足月儿和80%的早产儿出现生理性黄疸。足月的宝宝黄疸一般在出生后2～3天出现，4～5天达到高峰，5～7天消失，最迟不超过2周；早产的宝宝最迟不超过4周消退。黄疸出现早（24小时内）、程度重、持续时间过长或消失过晚都属于病理性黄疸，应及时就医。

（2）新生儿红斑及粟粒疹：出生后1～2天，宝宝的头部、躯干及四肢常出现大小不等的多形红斑，这就是新生儿红斑，1～2天就会自然消失。因皮脂腺堆积形成小米粒大的黄白色皮疹，是新生儿粟粒疹，几天后会自然消失。

（3）假月经：部分女孩出生后5～7天，阴道会流出少许血性分泌物，可持续一周，俗称“假月经”，实因新生儿出生后，原本从子宫中获得的母体雌激素突然中断所致。

（4）乳腺肿大：男女宝宝出生后4～7天会出现乳腺增大，如蚕豆或核桃大小，2～3周会自然消失，这是因母体雌激素突然中断所致。

（5）“马牙”和“螳螂嘴”：在宝宝上颚中线和牙龈部位可见黄白色小颗粒，俗称“马牙”，因上皮细胞堆积或黏液腺分泌物堆积形成，数周后可自然消失。新生儿两侧颊部各有一隆起的脂肪垫，俗称“螳螂嘴”，有助于婴儿吮吸乳汁。“马牙”和“螳螂嘴”不能挑破，以免发生感染。

（6）生理性腹泻：有些宝宝每天大便4～5次，稀糊状，但精神好，食欲好，无哭闹，生长好。家长不用担心，这是正常现象，不需要吃药，大部分宝宝年龄大些添加辅食后，大便就会好转。

Q：母乳怎么存储？

A：（1）挤出的乳汁最好放入冰箱冷藏室内保存（保持温度在2℃～8℃），24小时内食用是安全的，最好12小时内食用，不需要消毒，喂奶前用温水将母乳温热至38℃～39℃即可。

（2）挤出的乳汁若需较长时间保存，可放入冰箱冷冻室内冷冻，半年内食用是安全的，不需要消毒，喂奶前用温水将母乳温热至38℃～39℃即可。

（3）使用母乳储存袋保存母乳，并贴上日期和容量的标签。

（4）注意挤奶时手和吸奶器的清洁，保证母乳不被细菌污染。

养护篇

Q：什么情况不宜哺乳？

A：母亲患严重的疾病或传染病，如活动性结核、重症心脏病、肾脏疾病、糖尿病、癌症等，或母亲患慢性疾病需长期药物治疗者不宜哺乳。若母亲患乳腺炎或乳头皲裂，则应暂停喂哺，可将乳汁挤出，以免病愈后无乳汁分泌。

Q：为什么宝宝睡眠颠倒，昼睡夜醒？

A：新生儿没有昼夜节律，不会区分白天和黑夜，随着神经系统的发育成熟，会产生相对稳定的睡和醒的昼夜节律。父母要帮助宝宝建立昼夜节律，如白天宝宝醒了，可以引逗宝宝，和宝宝交流，给宝宝听轻音乐、看图片。晚上宝宝醒了，给宝宝换完尿布、吃饱后就放回床上，用慈爱的目光看着宝宝，鼓励宝宝自己入睡；不要抱，不要哄，不要摇晃。帮助宝宝在学会区别白天和黑夜的同时，养成宝宝自然入睡的习惯，这样妈妈也能休息好。

Q：宝宝一定要仰卧睡吗？

A：新生儿睡姿有仰卧、俯卧和侧卧。不要固定采用一种睡姿，避免睡成偏头或扁头；通常以仰卧睡为主，侧卧睡为辅，可降低“婴儿猝死综合征”的风险。

Q：如何判断母乳是否充足？

A：宝宝喝奶时有连续不断的吞咽动作，吃后能安静入睡 2 小时以上；醒后精神愉快，眼睛发亮，反应灵敏，食欲好，说明奶量充足。每天排大便 2～4 次，金黄色，稠粥样，小便 6 次以上；每周体重平均增加 150g，都说明奶量充足。

Q：这么小的宝宝独睡安全吗？

A：尽量能从出生后开始让宝宝独睡小床，并选用合适的婴儿被，这样不会因父母夜间起床影响宝宝睡眠，也能避免被子蒙住宝宝发生意外，同时也从小培养宝宝独立睡觉的习惯。婴儿床可以放在父母睡的大床边，以便随时观察宝宝的动静。

发展篇

Q：什么是儿童早期发展？

A：儿童早期发展指从孕期到出生后3年，对儿童卫生、营养、教育、环境、保护等方面，开展科学的综合干预，发挥儿童潜能，使儿童的体格、心理、认知、情感、社会性全面发展。胎儿期到3岁这个年龄段是人类生理、心理发育的关键期，对儿童一生的发展有重要的影响，更是儿童一生健康和能力的基础。儿童早期发展具有明显的不确定性和可塑性，会同时受到生活环境中正面和负面两方面的影响，这些影响在儿童早期可以被有效地干预，从而影响儿童的体格、认知、语言、情感、思维、学习及社会能力的形成与一生的发展轨迹。

Q：什么是婴幼儿早期教育？

A：婴幼儿早期教育指的是一种有目的、有组织地丰富环境的教育活动，以促进宝宝健康发展。它不是强迫宝宝背唐诗或写字，不是拔苗助长，而是根据宝宝生长发育特点，满足宝宝脑发育所需要的各种感觉刺激和学习体验经历，如根据宝宝与生俱来的感觉能力，跟宝宝说话、唱歌，给宝宝看颜色鲜艳的物品，做按摩等，促进宝宝大脑发育。早期教育不是简单的知识灌输，如死记硬背地读书认字、学画画、弹琴等。

Q：早期教育应从什么时候开始呢？

A：新生儿已经具备了视、听、触、味、嗅觉能力，也能从外界接受各种感觉刺激，对于正在发育的大脑来说，这些刺激的传入是大脑发育完善必不可少的。经常给予刺激，能促进宝宝各种能力的发展。因此，早期教育通常于宝宝出生一周后适应了外界环境就可开始了。

Q：宝宝喜欢听哪些轻音乐？

A：宝宝最喜欢听提琴曲、钢琴曲、萨克斯管等柔和的音乐，如莫扎特的《序曲》《花仙子的花篮》，舒曼的《梦幻曲》《捉迷藏》，德彪西的《小小牧羊人》《雪之舞》等。

小贴士：爸爸妈妈，快去完成你们的任务吧！

1. 请翻到第四章，标记好我的成长记录！

2. 我最喜欢妈妈微笑地看着我，对我说话。请倾听我的哭声，并做出应答。

3. 用相机拍下我看到、听到、触到、嗅到、尝到物体时的表情吧！这些都是我成长的里程碑！

三、2个月的宝宝

平均体重：5.68kg（男童）
5.21kg（女童）
平均身长：58.7cm（男童）
57.4cm（女童）
平均头围：38.9cm（男童）
38.0cm（女童）

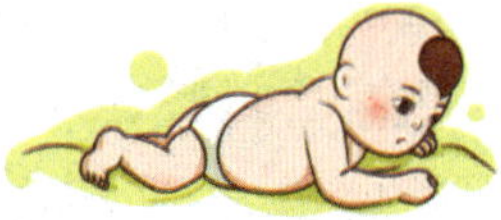

- 俯卧可抬头
- 引逗会笑
- 会追视眼前的玩具
- 会追随耳旁的声响

（一）宝宝的发展

1. 俯卧时能略抬头片刻，有的可将头抬高达45°；双下肢渐渐伸直了，紧握的双拳渐渐松开了。

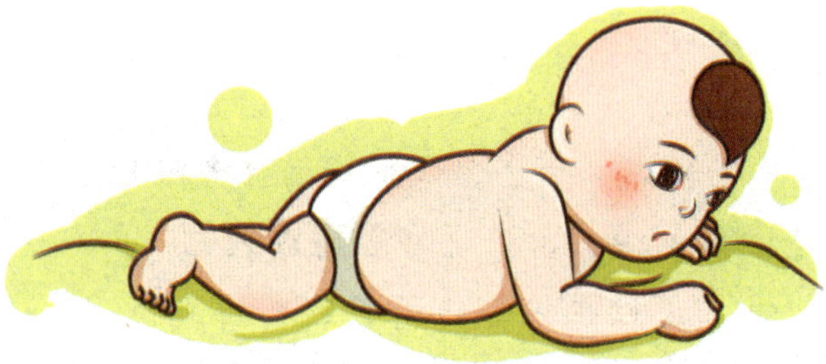

2. 眼睛会追随移动的物体，会转头寻找声源。

3. 喜欢看妈妈，看到妈妈的笑脸会微笑。

4. 能发出简单的“哦——哦”声，试图与人交往。

5. 对新的声音和新的环境开始感到好奇。

6. 喜欢吮吸手指，有时还会打量自己的手。

温馨提示

- 俯卧训练：让宝宝俯卧于平整稍硬的床面，双手屈曲于胸前，下颌置于手背上，宝宝会努力抬头。这种练习能加强他的脖颈力量。开始训练时每次30秒钟，以后可根据宝宝训练情况逐渐延长至3分钟左右。
- 转头训练：用玩具引逗宝宝转头视听，可锻炼宝宝的脖颈力量和视听协调能力。
- 抓握练习：可以选择细柄、易握持的玩具，如摇铃、拨浪鼓，让宝宝抓握摇晃，锻炼手眼的协调和手的灵活性；还可选择软硬、光滑度不同的玩具让宝宝抓握，如橡胶制的发声玩具、毛绒玩具等。

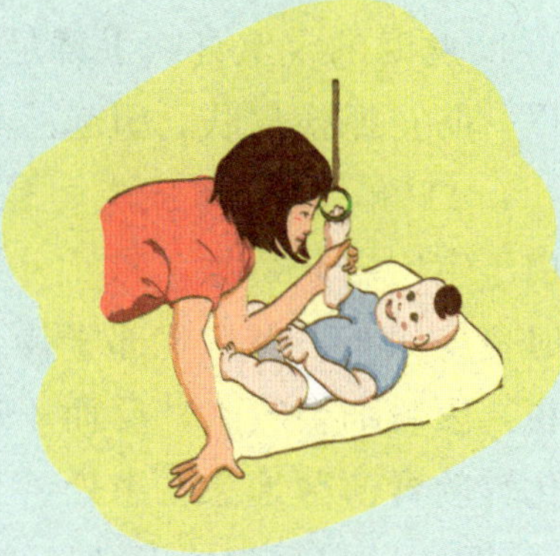

（二）宝宝的养护

1. 每次奶量能达到120～150ml。可每2～3小时喂一次，夜间可适当延长喂奶时间间隔。

2. 大便的次数与满月前相比会减少，有的甚至3～4天或一周才排一次。只要宝宝饮食状况良好，体重增长正常，并且大便没有过干或者过稀就不用太过紧张。

3. 睡眠越来越有规律了，白天睡眠时间会逐渐减少，玩的时间逐渐增多，夜间睡整觉的时间也逐渐增加。

（三）宝宝疾病的防范及安全防护

1. 吐奶是这个年龄段宝宝最常见的一种现象，这是由这个时期的宝宝胃食管的特殊生理结构所致。可以在宝宝每次吃奶后，将宝宝上身直立靠在你的肩膀上30分钟并轻拍背部，让宝宝打嗝排出胃内的气体。不要让宝宝在进食后做剧烈运动，以免吐奶。

2. 湿疹是6个月以下宝宝常见的皮肤病，表现为宝宝的脸颊、额头或头皮发红，出现小疹子，很痒，时好时坏，有的甚至发展到手臂、躯干。湿疹最有效的治疗方法就是防止皮肤干燥，同时避免接触容易诱发湿疹的物质，避免穿羊毛衣或质硬、编织粗糙的衣物，不用肥皂或沐浴露洗澡，可以用润肤乳或润肤霜减轻皮肤痒痛和干燥。

3. 此时的宝宝喜欢手舞足蹈，抓碰物体。要定期给宝宝修剪指甲，防止抓伤皮肤，引起感染。

4. 红臀，即尿布皮炎，是1～2个月宝宝常见的皮肤病，这是由于宝宝皮肤娇嫩，被大小便弄脏的尿布没有及时更换所致。及时更换尿布，保持臀部干燥、清洁，可避免红臀发生；不用爽身粉，因粉剂会吸水，反而不能保持皮肤干燥。发生红臀时可用氧化锌软膏薄薄地涂在患处。

（四）异常行为的识别

宝宝有以下表现之一，应及时咨询医生。

1. 抱起时头部往后仰或全身松软。

2. 扶坐时颈部无力，不能将头竖一会儿。

3. 不会追视，对母亲的引逗无反应性微笑。

4. 俯卧位时，双侧臀部及大腿内侧皮肤皱褶不对称。

担心的问题：

- 竖抱时，颈部无力。
- 身体僵直或松软。
- 对引逗无应答反应。
- 臀部或大腿内侧皮肤皱褶不对称。

（五）亲子互动

1. 婴儿抚触：边做婴儿抚触，边和宝宝轻柔地说话，是宝宝很喜欢的一项活动。

2. 看一看，听一听：宝宝对颜色的偏爱程度依次为红、黄、绿、橙、蓝。可用色彩鲜艳的发声玩具，如红色或红黄相间的铃铛等，训练宝宝视线随物体做上下、左右、绕圈、远近、斜线等方向的运动。

3. 听轻音乐：播放轻音乐，和着音乐节拍轻拍宝宝，为他抚触、做被动操，可促进宝宝发音及音乐节奏感的形成。

父母“加油站”

知识篇

Q：什么时候开始带宝宝去医院体检？

A：出生后6周（42天）左右，应带宝宝到儿童保健科进行全面体检，及早排查先天性疾病，如腭裂、先天性心脏病、先天性髋关节发育不良等，以便及时矫治。同时，医生也会对宝宝进行发育行为评估，若发现异常可及时调整。

Q：婴儿抚触对宝宝有什么好处？

A：触觉是人体最原始的感觉器官，皮肤是人体最大的触觉器官，是神经系统的外在感受器。通过对皮肤进行温和的良性刺激，可引起全身神经、内分泌及免疫等系统的一系列良性反馈，从而促进婴儿生长发育。婴儿抚触能使宝宝食欲增加，有利于体重增长，促进生长发育；能减轻宝宝的焦虑和紧张，使宝宝获得良好睡眠，有利于宝宝大脑的发育；能促进父母与宝宝之间的情感交流，有利于改善亲子关系，有助于双方依恋情感的建立。

养护篇

Q：如何给宝宝穿衣服？

A：给宝宝穿套衫时，可将宝宝放在床上或看护者的腿上，撑开衣服的领子从头上套进去（用手撑开衣服以免挂住宝宝的脸和耳朵）；然后握住宝宝的手，轻轻地把宝宝的手穿过袖子。给宝宝穿连衣裤时，将连衣裤展平放在床上或更衣垫上，解开纽扣，让宝宝躺在上面，颈部与领口相合；轻轻抓住宝宝的手和手臂穿过衣袖；把裤腿收折至裤脚，轻轻把宝宝的脚放入，整理好裤腿；扣好所有的纽扣。

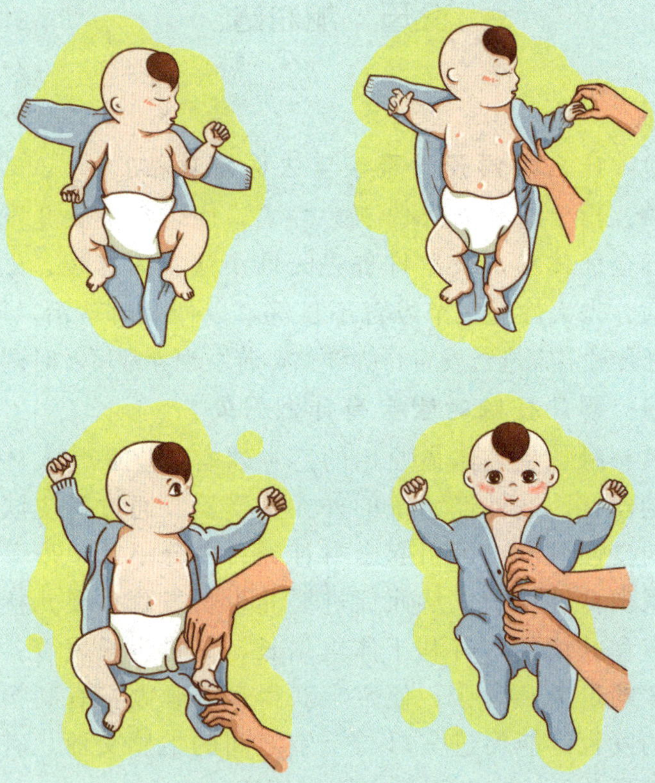

Q：宝宝可以使用安抚奶嘴吗？

A：安抚奶嘴可以满足宝宝的吮吸反射，让宝宝感觉到安全，从而安抚宝宝。出生一个月以上的宝宝，已经建立了母乳喂养的好习惯，不会因为短时使用安抚奶嘴而干扰母乳喂养，但长期使用安抚奶嘴会影响宝宝的牙齿健康，不洁的安抚奶嘴可导致宝宝口腔感染、中耳炎、肠炎。有面部畸形或缺陷的宝宝，或者需要口腔矫正手术的宝宝，不适合使用安抚奶嘴。

发展篇

Q：给宝宝抚触需要注意的事项有哪些？

A：（1）选择宝宝情绪好的时候进行抚触，宝宝生病或哭闹时暂时不做。

（2）抚触前宝宝不宜吃太饱或太饿，最好在餐后1～2小时或沐浴后进行。

（3）抚触前准备好干净的毛巾、尿布、替换的衣物及婴儿润肤油。

（4）抚触前家长应用温水洗手，摘下手上的首饰，并剪短指甲，以免划伤宝宝。

（5）播放柔和的轻音乐，营造温馨的氛围。

（6）抚触后可给宝宝喝点白开水，不要马上喂奶，以免宝宝呕吐。

Q：如何给本年龄段的宝宝选择玩具？

A：这个年龄段是宝宝视、听、触等感觉发育的敏感时期，可选择颜色对比鲜明的彩球、拨浪鼓、音乐旋转玩具等。

小贴士：爸爸妈妈，快去完成你们的任务吧！

1. 请翻到第四章，标记好我的成长记录！

2. 练习抓握可以增加手的灵活性，不要用布和手套限制我的手的活动。有柄、小手可抓握的物品是我最喜欢的玩具，让我感觉一下不同质地的物体。

3. 拍下我听你说话、和你对视、俯卧、手握玩具、游泳的照片吧！这些都是我成长的里程碑！

四、3个月的宝宝

平均体重：6.70kg（男童）
6.13kg（女童）
平均身长：62.0cm（男童）
60.6cm（女童）
平均头围：40.5cm（男童）
39.5cm（女童）

- 抱起竖头较稳
- 喜欢看世界
- 喜欢微笑迎人
- 手掌常打开
- 常想伸手触物

（一）宝宝的发展

1. 能转动头部，调节视线来注视物体；可用视线追踪物体；特别喜欢看母亲，当饥饿时看到母亲，会出现等待哺乳的表情。

2. 喜欢玩手、吮吸拇指；会把头转向声源，喜欢听悦耳的声音和音乐。

3. 见到喜欢的东西或亲近的人会表示出喜悦及“咿呀”发音。父母或亲近的人对宝宝微笑、说话，可吸引宝宝注视、微笑、发声回应。

4. 直立位抱时，竖头较稳；俯卧时能抬头超过 45°；开始尝试侧翻身。

温馨提示

- 听声训练：利用不同颜色和声响的玩具来吸引宝宝，锻炼宝宝的视听分辨、主动运动能力。
- 俯卧训练：让宝宝俯卧于平整稍硬的床面，双手屈曲于胸前，下颌置于手背上。初始每次 30 秒，以后视宝宝的能力可逐渐延长至 3 分钟，每日 2～3 次。
- 转侧训练：帮助宝宝练习侧翻身。让宝宝仰卧，双手分别轻握宝宝踝部，将宝宝的腿及躯干向一侧转动，保持宝宝侧翻身数秒钟。宝宝侧翻位时，会尝试着转颈抬头，这可以帮助宝宝提高颈部肌肉力量。每日 2 次，每次转侧2～3 次。
- 开掌训练：将宝宝手掌打开，轻柔推展并抚摸每个指头，每日 2～3 次，每次 30 秒～1 分钟。

（二）宝宝的养护

1. 每日喂奶6～7次，每隔3～4小时哺喂一次，夜间可延长喂奶时间间隔或暂停一次喂奶，让宝宝逐渐延长夜间睡眠时间，建立起昼夜生活节律。

2. 注意宝宝的排便规律及表情，及时更换尿布，保持臀部清洁。

3. 在任何情况下都不应当强迫宝宝进食。可给宝宝偶尔试尝少量各种味道的新鲜果汁、菜汁，这不仅可促进宝宝味觉的发展，而且可让宝宝适应其他味道的食品，使日后添加其他食品更为容易。

4. 宝宝的枕头高度约为宝宝握起的小拳头高即可。定时将宝宝放在床上入睡，不要养成拍、摇或含乳头（奶嘴）催眠的习惯。

（三）宝宝疾病的防范及安全防护

1. 带宝宝到医院的儿童保健科进行体检，并咨询医生关于宝宝的喂养、营养及预防接种情况。

2. 空气浴、日光浴、水浴均有助于增强宝宝体质。带宝宝到人少、空气新鲜的地方进行户外活动，时间每日1～2次，由每次10～15分钟逐渐延长到1～2小时；让宝宝的皮肤暴露在空气和阳光中，但要避免让阳光直射宝宝的眼睛。冬季户外活动

舒服又健康的活动——空气浴、日光浴

时注意身体保暖，暴露面、手部即可；夏季避免烈日直晒，可于清晨或傍晚时带宝宝到户外活动。

3. 注意防止宝宝因被褥、母亲的身体、吐出的奶液等造成的窒息。

（四）异常行为的识别

宝宝有以下表现之一，应及时咨询医生。

1. 处于安静觉醒状态时，对周围的人或颜色鲜艳的物品引逗没有追视反应。

2. 处于安静觉醒状态时，对身边的声音刺激没有追声反应。

3. 仰卧时，左右手脚姿势不对称或手足舞动不协调。

担心的问题：

- 引逗时不发音或不会笑。
- 不注视人脸，不追视移动的人或物品。
- 俯卧时不会抬头。
- 肢体运动不对称或不协调。

（五）亲子互动

1. 配合柔和的音乐进行婴儿抚触和婴儿被动操。音乐的声音不能太大；一天可以听几次，但每一次听的时间不能太长，一般每次10～15分钟。

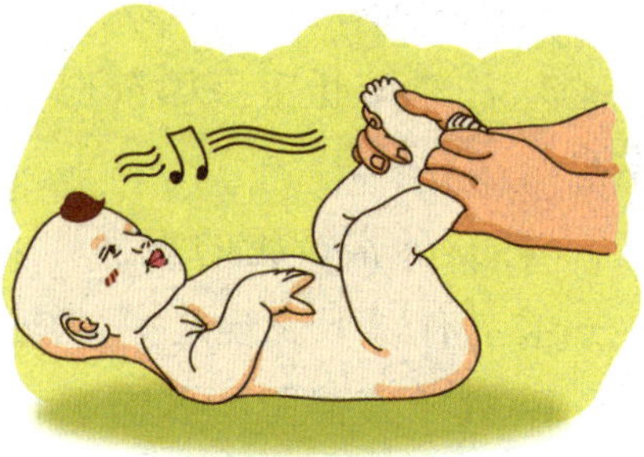

2. 多和宝宝说话或唱儿歌，微笑地与宝宝进行目光接触，引逗宝宝微笑、发声。

宝宝听一听（儿歌）

宝宝宝宝，听一听：
嘎嘎嘎嘎，谁在唱？
嘎嘎嘎嘎，小鸭唱。
宝宝宝宝，听一听：
丁零丁零，谁在唱？
丁零丁零，小铃唱。

3. 帮助宝宝进行俯卧、转侧训练。

父母“加油站”

知识篇

Q：宝宝每天需要睡多久？什么时候添加辅食？宝宝是如何长大的？

A：许多父母经历了宝宝出生、满月紧张而兴奋的日子后，逐渐开始适应为人父母的角色了。面对着怀中稚嫩的宝宝，他们知道衣食住行对宝宝的成长非常重要，同时会有许多疑问。这里以表格的形式列出儿童成长的发育规律，供父母参考。记住，每个宝宝的发展规律并不都是一样的，所以如果有担心，请咨询医生。

宝宝的成长规律

年龄	睡眠时间（小时/天）	辅食添加	运动发育	语言发育
0～3月	13～18	/	抬头	哭、笑
4～6月	12～16	泥状食物	抬头稳，坐不稳	单音，ba、ma、da
7～9月	12～16	末状食物	坐	一连串音节，pa-pa、ma-ma、da-da
10～12月	12～16	碎食物	站	模仿大人发1～2个字音
1～2岁	11～14	/	走	1岁能主动叫人，2岁会说200个词
2～3岁	11～13	/	跑	逐渐从说2～3个单词的句子扩展到4～6个单词的句子

养护篇

Q：宝宝哭闹，该怎么办？

A：哭是宝宝与人交往的重要方式。宝宝哭闹通常说明宝宝身体不舒服，或者想表达某种意思，饥饿、口渴、尿布湿了、身上冷了或热了、想睡觉等都可能会导致宝宝哭闹。要细心分辨不同的哭声代表的宝宝需求，并给予满足（参见本书第22～24页）。父母或看护者的不良情绪同样会影响宝宝，也是导致其过分哭闹的常见原因。因此，家庭成员保持良好情绪，共同创造和谐的家庭环境，对减少宝宝哭闹、促进宝宝快乐成长同样重要。

Q：为什么宝宝依然日夜睡眠颠倒？

A：出生后2～3个月，大多数宝宝开始适应日醒夜眠的生活模式，白天清醒时间越来越多，夜间睡眠时间逐渐延长。有些宝宝快3个月大了，依然日夜睡眠颠倒，该怎么办？研究表明，儿童早期的睡眠受遗传与环境因素的影响。环境因素可强烈影响睡眠时间与质量，如人造光和屏幕暴露可抑制褪黑素的分泌，使儿童睡眠节律紊乱，睡眠质量下降。环境嘈杂、父母焦虑紧张也是影响儿童睡眠的重要因素。因此，父母保持良好的情绪，营造一个放松、良好的睡眠环境，将有助于宝宝养成规律的日夜睡眠习惯。

发展篇

Q：怎样促进宝宝认知和情感的发展？

A：宝宝一出生就具有视、听、触、嗅、味觉，具备与人交往的能力，特别喜欢注视妈妈、听妈妈说话。因此，喂奶、换尿布、给宝宝做操、抚触或抱起宝宝时，可与宝宝对视，对宝宝微笑、说话，如“宝宝看看妈妈”“宝宝吃奶了”等，并可以通过触摸宝宝的头，引逗他微笑。当宝宝对引逗做出反应时，如表现为微笑、手舞足蹈时，要给予夸奖，如说“宝宝好能干啊”，还可以亲吻宝宝。父母要珍惜一切机会和宝宝进行有针对性的情感互动，使宝宝在交往中学会辨别不同人声、语调，辨认不同人脸、表情，保持愉快的情绪，促进认知和情感的发展。

Q：如何处理隔代养育存在的问题？

A：隔代养育，顾名思义就是让爷爷奶奶或者外公外婆带宝宝。俗话说“隔代亲”，祖父辈们往往会比父母更耐心，因为他们有带养经验，往往能给宝宝足够的安全感和心理支持，同时可缓解年轻父母工作、家庭难以兼顾的压力，有利于营造和谐、温馨的家庭氛围。但由于时代不同，教育内容、方式、理念不尽相同，两代人对宝宝的教育常常会存在分歧。因此，父母在感恩长辈们帮助的同时，要让他们明白，0～3 岁是宝宝认知行为发展的最佳年龄，事事代办或过度保护会阻碍宝宝将来的发展，并帮助他们学习吸收新的科学育儿知识。家长们在对宝宝的教养上要有一个统一的认识，即教育宝宝时无论意见有多么不同，都不要当着宝宝的面互相指责，如果在教养上达不成一致的意见，可请教儿童早期发展指导师。父母要有意识地积极参与宝宝教育，不要用隔代养育代替亲子关系。

小贴士：爸爸妈妈，快去完成你们的任务吧！

1. 请翻到第四章，标记好我的成长记录！

2. 带我到大自然去看看日月星光、花草树木；让我们一起在好听的音乐中做抚触和体操吧！

3. 用相机拍下我开心笑、俯卧抬头、抱坐竖头、侧翻身、伸手去拿东西的照片——这些都是我成长的里程碑！

五、4～6 个月的宝宝

平均体重：8.41kg（男童）
7.77kg（女童）
平均身长：68.4cm（男童）
66.8cm（女童）
平均头围：43.6cm（男童）
42.4cm（女童）

- 能翻身、独坐
- 左右手取物
- 听懂自己的名字
- 会辨别陌生人
- 开始添加辅食，长牙啦

（一）宝宝的发展

1. 抱起时竖头很稳；俯卧时有足够的力量支撑抬头、抬胸，可以左右灵活地翻身，还可以从俯卧位翻到仰卧位，或从仰卧位翻到俯卧位；可以靠坐或独坐一会儿。

2. 会伸手去拿面前的物品或玩具；喜欢将手或手中的玩具、物品放入口中。

3. 很喜欢与人接触，并以注视、笑等表情对他人的引逗做出反应，会“哈哈”地笑出声音。

4. 喜欢被竖着抱，双腿可以支撑部分体重，并喜欢屈伸着腿做蹦跳样的动作。

温馨提示

✻翻身训练：将宝宝一侧手轻提至同侧头上，家长另一只手放在宝宝两膝间，顺势将宝宝的身体转向手抬起的一侧，即滚至俯卧位姿势。每日训练2～3次，左右翻身各1～2次。

✻够物练习：将玩具由近及远摆放，让宝宝通过伸手够物练习来延伸视觉活动范围，使宝宝感觉距离、理解距离，发展手眼协调能力。

✻拉坐练习：用双手分别握住宝宝两手及手腕，让宝宝借助家长的帮助自己用力坐起。每日训练2～3次。

✻方位识别：吸引宝宝寻找前后左右不同方位、不同距离的发声源，以刺激其方位觉能力的发展。

（二）宝宝的养护

1. 4个月后可将宝宝白天的睡眠时间逐渐减少1次，即白天睡3～4次，每次1.5～2小时。夜间如宝宝不醒，尽量不要惊动他。

2. 每日喂奶5～6次，每隔4～5小时哺喂一次。夜间视宝宝需要进行哺喂，一般1次即可，若宝宝夜间不醒或不愿进食，可不哺喂。在这个年龄段可以尝试着用勺给宝宝喂辅食，为以后断奶用勺进食做准备。

3. 4～6个月后可以根据宝宝情况逐步添加辅食以满足其生长发育所需，可以添加米糊、乳儿糕、蛋黄、鱼泥、豆腐、动物血泥、菜泥、水果泥等。1岁以内婴儿不建议用蜂蜜，因其易被肉毒杆菌污染。

（三）宝宝疾病的防范及安全防护

1. 带宝宝到医院的儿童保健科进行体检，咨询医生关于宝宝的喂养、营养及预防接种情况，并将宝宝的身长、体重标注在生长曲线图和成长记录上。

2. 宝宝的脊柱还不够有力，不要让他独坐太久或立位支撑太久，以免脊柱畸形。

3. 带宝宝到空气清新、安静、人少的地方进行户外活动。有条件的也可让宝宝在温水池中水浴游泳，水浴游泳时间每次10~20分钟，每日1次。

4. 注意防止宝宝从床上翻身滚下或误将小件物品放入嘴中；避免宝宝周边有危险的物品，如开水瓶、水杯等；不要在宝宝嘴里含着食物时引逗他，以防吸入气道导致窒息。

(四) 异常行为的识别

宝宝有以下表现之一，应及时咨询医生。

1. 体重不增或增速明显减慢。

2. 迷恋自己的手或只喜欢注视特定的物体，对引逗很少回应，回避与别人的目光接触。

3. 特别容易受惊，一点声响或动静就会让宝宝惊跳、啼哭。

4. 手足力量弱或双侧不对称，不能俯卧支撑抬头、抬胸；不会用手去取面前的物体；扶着站立时，双腿无力支撑。

5. 男童阴囊发育差，阴囊内空虚，不能触摸到睾丸。

担心的问题：

- 发音少，不会笑出声。
- 不会伸手要抱及伸手抓物。
- 紧握拳不松开。
- 不能扶坐。
- 回避与别人的目光接触。

（五）亲子互动

1. 看世界：引导宝宝观察周围的环境，如不同色彩、不同形状的玩具及花草树木等，告诉宝宝他注意到的东西的名称及他人的行为，这有助于培养宝宝对周围环境的观察和适应能力。

2. 可怀抱宝宝或让宝宝躺在浴巾里，父母分别抓起浴巾的四个角，拖动浴巾带动宝宝身体左右或上下摇晃；还可以让会俯爬的宝宝趴在羊角球上，在父母的扶持下，边摇边念儿歌。

摇啊摇（儿歌）

摇啊摇，摇啊摇，
摇到外婆桥，
外婆叫我好宝宝。
给我糖一包，
给我果一包，
还有团子，还有糕。

3. 和宝宝玩“躲躲藏藏”游戏，既可以锻炼宝宝的感知能力、培养注意力和反应的灵活性，还可以激发宝宝的愉快情绪，促进宝宝与成人的交往。

父母“加油站”

知识篇

Q：宝宝什么时候开始长牙？

A：一般4～10个月开始出乳牙，至2～2.5岁20颗乳牙全部出齐。

Q：宝宝头围不正常是脑发育有问题吗？

A：不能单纯根据头围大小来判断脑发育情况。宝宝的头围受遗传因素影响，并与身高、体重发育平行。因疾病引起的小头或大头畸形与躯体的发育不平行，表现为身材不匀称，常常伴有特殊面容或发育迟缓。

养护篇

Q：宝宝可以喝果汁吗？

A：由于果汁缺乏水果中丰富的纤维素，同时过多的果汁摄入也会增加婴儿消化道负担，影响乳类摄入、增加糖类摄入，因此近年来许多国家的喂养指南不建议给 1 岁以内婴儿喂果汁。1 岁以上的幼儿即使摄入果汁，量也应控制在 120ml 以下，且为 100％果汁或适当水稀释后的纯果汁，不应是含果汁的饮料。

Q：宝宝不吃辅食怎么办？

A：宝宝吃辅食时出现拒绝属于正常现象，家长应沉着应对，反复尝试，不能因此放弃。但如果出现皮疹等过敏表现，要注意是否与摄入的辅食有关，并咨询医生。

Q：宝宝体重不增或增速明显减慢的原因是什么？

A：多数是喂养的问题。宝宝 4 月龄后可以开始添加辅食，如果添加不当容易引起体重不增或增速明显减慢。最常见的原因是辅食添加过多，导致奶量明显下降。应在保持原奶量不变的情况下添加辅食，通过辅食补充能量的不足部分以及补充最容易缺失的铁元素，同时训练宝宝的吞咽、咀嚼能力。

发展篇

Q：如何帮助宝宝知道什么是对的，什么是错的？

A：多引导宝宝观察周围的环境、人及事物，培养宝宝对周围环境的感知能力，帮助宝宝建立人与周围环境和谐共处的情感。可根据不同情景使用不同语调、表情，使宝宝逐渐能够感受到语言中不同的感情成分，从成人的行为、表情和语调中逐渐理解什么是可行的、什么是不可行的。

小贴士：爸爸妈妈，快去完成你们的任务吧！

1. 请翻到第四章，标记好我的成长记录！

2. 有柄、可抓握的物品是我最喜欢的玩具，让我感觉一下不同质地的物体。

3. 医师建议的不同口味的食物都让我尝尝。

4. 拍下我翻身、用勺吃辅食、和你们玩躲躲藏藏游戏、开心大笑的照片吧！这些都是我成长的里程碑！

六、7～9个月的宝宝

平均体重：9.33kg（男童）
8.69kg（女童）
平均身长：72.6cm（男童）
71.0cm（女童）
平均头围：45.3cm（男童）
44.1cm（女童）

- 会扶着栏杆站
- 发双音节“da-da”
- 会用拇指和食指取物
- 自己喂自己吃饼干

（一）宝宝的发展

1. 独坐很稳，坐时可以左右灵活地转身取物，还可以从仰卧位翻身坐起、匍匐爬，到四肢着地爬、扶着栏杆站。

2. 会用拇指和食指取物，自己喂自己吃饼干；喜欢握着物品敲敲打打。

3. 喜欢照镜子，玩躲猫猫游戏。

4. 开始发“da-da”“ba-ba”“ma-ma”等叠音。

5. 懂得伸手要妈妈抱；会辨别陌生人，出现认生反应。

温馨提示

- 独坐练习：当宝宝能稳定独坐后可着重训练宝宝的平衡能力，让宝宝独坐在床上、地铺或矮椅子上，以玩具吸引宝宝转头、转身寻找玩具，学习在转身中寻找平衡点。
- 爬行练习：爬行可大大地扩大宝宝的活动范围。让宝宝俯趴在床上或地铺上，手肘弯曲支撑上半身，在宝宝前方放个玩具，引诱宝宝爬过去取玩具；扶住宝宝的小腿，或用手托住宝宝脚掌，左右交替地弯曲其膝关节，帮助其向前爬行。每日 1～2 次，每次重复 2～3 遍。
- 手眼协调训练：让宝宝学习用拇指和食指准确捏取小物件，学习将玩具拿起、放下；教宝宝学会将玩具从一手换到另一只手上再取第二个玩具，两手对击手中的玩具；学习敲打、撕纸动作。

宝宝出现认生，对母亲或看护者出现依恋现象，不要试图去改变。亲密的母子依恋关系是宝宝探索自我和外部世界的安全港湾。安全型依恋的建立对宝宝将来的情感发育和人格发展至关重要。

（二）宝宝的养护

1. 每日喂奶 4～5 次，每隔 4～5 小时哺喂一次，夜间停喂一次或不喂。辅食中可以添加蒸糊、菜泥、鱼泥、肉末等半固体的食物。饼干、面包片、馒头片等可磨牙的食物，有助于减轻宝宝出牙的不适感。可开始训练宝宝用杯喝水、用手拿东西吃，这既可发展宝宝手眼动作的协调，还可为其今后独立吃东西做准备。

2. 白天睡眠次数一般仍为 2～3 次，每次 2～2.5 小时。此时的宝宝容易适应环境，且有一定的活动能力，是培养独自入睡习惯的良好时期。若宝宝独睡半夜醒来，家长可去看看、安抚宝宝，但不要将宝宝抱回自己的床上，以免养成要求大人陪伴睡眠的习惯。

（三）宝宝疾病的防范及安全防护

1. 带宝宝到医院的儿童保健科进行健康体检，咨询医生关于宝宝的喂养、营养及预防接种情况，并将宝宝的身长、体重标注在生长曲线图和成长记录上。

2. 多带宝宝到户外活动，引导宝宝观察其他小朋友玩耍，鼓励宝宝和他人交流。

3. 注意宝宝周边环境的安全，防止宝宝跌落、误食等意外发生。

（四）异常行为的识别

宝宝有以下表现之一，应及时咨询医生。

1. 清醒状态时，回避与别人的目光接触；不喜欢看小朋友游戏，对成人的表情、语气、音调改变无明显反应。

2. 不会区分陌生人和熟悉的人。

3. 不会独坐、爬行。

担心的问题：

- 听到声音无应答。
- 对陌生人和熟悉的人没有差异性反应。
- 双手间不会传递玩具。
- 不会独坐。

（五）亲子互动

1. 猜猜是谁：家长可给宝宝取乳名，全家人都用这个名字呼唤、引逗宝宝，让宝宝逐渐把这个称呼和自己联系起来，学会识别自己的名字及家人的称呼。和宝宝玩照镜子的游戏，同镜中人笑、说话，用手抚摸和寻找镜中人，发展宝宝的自我认识能力。

2. 自己玩：宝宝已有一定活动能力了，能翻身、独坐并逐渐学会爬行，只要玩耍环境安全，可以让宝宝独立玩。

父母“加油站”

知识篇

Q：如何给宝宝挑选玩具？

A：玩具以其生动的造型和奇妙的功能吸引着宝宝，伴随宝宝成长。玩具要根据不同年龄选择，不是越多越好、越贵越好、越高级越好，要以适用为原则。要倡导一具多用、一物多玩，还要注意玩具是否符合卫生和安全要求。1岁以内的婴儿感知觉和动作发育迅速，可准备一些刺激婴儿听、视、触觉发育的玩具，如色彩鲜艳的、适合婴儿抓握的、不易摔坏的玩具。

Q：如何培养宝宝的学习能力？

A：父母以身作则，每天抽出一些时间和宝宝一起看图识画，从小培养宝宝爱看书的习惯，这对提高宝宝的注意力、记忆力、观察力、语言的理解和表达能力、思维能力等都有很大的帮助。

养护篇

Q：宝宝入睡困难怎么办？

A：10%～20%的婴幼儿有入睡困难。如果宝宝每天睡前放到床上需要半个小时以上的时间才能入睡，可以尝试以下方法：每天按时将宝宝在醒着的时候放到床上；在晚上最后一次喂奶后，不要再弄醒宝宝；如果宝宝夜间醒来，不要马上给宝宝喂奶，等待片刻，尽量让宝宝自己安静下来。

Q：宝宝玩耍时一定要有人陪伴吗？

A：7～9 个月的宝宝已有一定活动能力了，能翻身、独坐并逐渐学会爬行，只要注意玩耍环境的安全，就可让宝宝独立玩。如果宝宝早上醒得很早，家长还想多睡一会儿，可让闹钟在宝宝通常醒来时之后 5 分钟再响，两天以后再推迟 5 分钟，依此类推，等闹钟响后，家长再起床。这样，宝宝醒来可能又重新入睡，或学会自己独立玩一会儿，等大人起床。家长应该抽出时间陪宝宝玩，但不要在宝宝每次哭闹后才陪宝宝玩，以免宝宝养成用哭闹要求家长陪伴的习惯。

Q：什么时候可以开始训练宝宝坐便盆？

A：虽然这个年龄的宝宝还不能主动控制大小便，但在出生 7 个月后，多已能较稳当地独坐，而且由于辅食增加，大便次数也相应减少，每日1～2次，大便性状也逐渐接近成人，此时可根据宝宝排便规律安排坐便盆的时间。一般在饭后10～15分钟或晨间睡醒后立即坐便盆。便盆要放在固定的地方，每次用完洗净。宝宝坐便盆要有专人照顾，每次坐便盆时间不要超过5分钟，一日次数也不宜过多。坐便盆时不能给宝宝吃食物或让宝宝玩耍。若宝宝不愿意，不要强迫他坐便盆。这时候的宝宝小便次数还比较多，训练困难，不必要求小便坐便盆，以免对坐便盆产生抵触情绪。

发展篇

Q：宝宝出现认生现象该怎么办？

A：这时期宝宝对人的分辨能力较好，可以认出自己家里的人，开始出现认生现象，但和不认识的小朋友交往却没有这种情况，而且他们能从与同伴的交往中获得乐趣。因此，家长应努力创造条件，让宝宝多与小朋友接触、交往，从而促进其社会性发展。如果宝宝特别认生，先训练宝宝在熟人的陪伴下观察如何与他人交往，慢慢地宝宝就不会那么怕生了。

小贴士：爸爸妈妈，快去完成你们的任务吧！

1. 请翻到第四章，标记好我的成长记录！

2. 在地上铺上漂亮、安全的软垫让我有机会练习爬行。

3. 让我体验一下不同质感的食物。

4. 拍下我认生、独坐、爬行、自己用手抓握食物吃的镜头吧！这些都是我成长的里程碑！

七、10～12个月的宝宝

平均体重：10.05kg（男童）
9.40kg（女童）
平均身长：76.5cm（男童）
75.0cm（女童）
平均头围：46.4cm（男童）
45.1cm（女童）

- 会正确地叫“爸爸”“妈妈”
- 会摇头表示“不”
- 喜欢乱涂画
- 会扶着走了

（一）宝宝的发展

1. 能自行坐好，自如翻身；能转换姿势，拾取身体两旁的物件；可以倒退着从楼梯上爬下来，能自己扶栏杆站立、坐下，能独站片刻，可不用扶着东西走两三步。

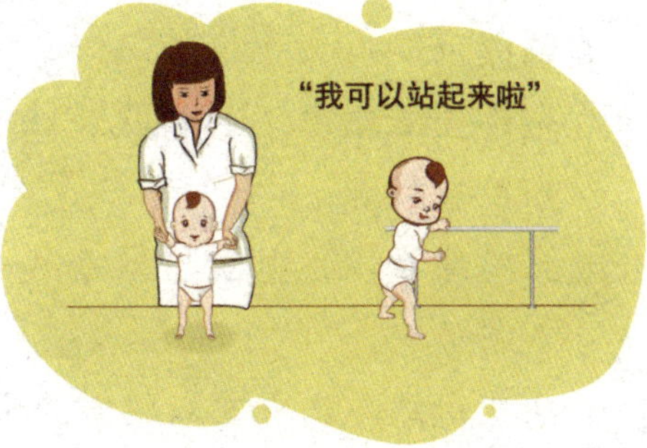

2. 能用拇指和食指撕纸、捏起小丸，能翻书或摆弄玩具，会用手握笔在纸上乱涂画。

宝宝会用拇指和食指捏起小丸

3. 能发2～3个字音，能听懂几个字，包括家庭成员的称呼，会说“爸爸”和“妈妈”；会指认房间里的很多东西以及指出身体部位，试着模仿词语。

4. 穿衣时会主动伸手或伸腿；会表示“再见”“欢迎”“不”等基本社交礼仪。

5. 会模仿动作姿势；开始正确地使用物体（如用杯子喝水、用梳子梳头）和用不同方式探索物体（摇晃、敲击、抛出去、扔到地上）。

宝宝会表示“再见”了

温馨提示

- 允许宝宝在安全的情况下随意探索，这对扩大宝宝的认知很有帮助。
- 立蹲练习：扶着宝宝双手或让宝宝双手扶栏站起，再坐下或蹲下。
- 独站训练：让宝宝双腿略为分开，开始时训练一手扶站，继而训练独站、平衡站立。
- 行走练习：牵着宝宝双手或让宝宝双手扶栏行走，继而逐渐减少手扶持，练习独走；应循序渐进，注意保护，如在地上铺上垫子；可以选择一些机动的有响声的玩具，如小推车、拖拉玩具等，以提高宝宝走路的兴趣。
- 语言训练：要对宝宝的发音给予及时、恰当的应答，多次反复，使宝宝逐渐理解语言的含义。

（二）宝宝的养护

1. 白天睡眠次数可逐渐减至 2 次，每次 2 小时左右。喂养次数每日 4～5 次，定时进餐，训练进食自理的能力。

2. 辅食中可以添加蒸糊、软饭、挂面、馒头、面包、碎菜、碎肉、油及豆制品，训练宝宝的咀嚼，为断奶做准备。

3. 宝宝开始学走路，需要穿鞋子保护他的脚，建议选择的鞋子可包住脚趾头，柔韧、防滑，要宽松些，让宝宝的脚有发育空间。

4. 适合该年龄段宝宝的玩具有：不同大小、形状、颜色的可叠起来的玩具，大的积木，可以推、打开、发出声音和移动的“游戏盒”，用软塑料制成的车类玩具，不同尺寸的球，有大图片的纸板书，推拉玩具，玩具电话等。

（三）宝宝疾病的防范及安全防护

1. 定期进行体格检查，每 2～3 个月一次，咨询断乳时间及断乳后的喂养。

2. 定期进行预防接种。

3. 注意宝宝周边环境的安全。家长要为柜子和抽屉等做好安全防护措施，把危险物品和贵重的东西放在宝宝碰不到的地方，防止宝宝在没有成人监护下进入洗手间等比较不安全的地方，避免跌落摔伤、溺水、烫伤、异物导致窒息和中毒等意外发生。

预防物体跌落伤害宝宝

（四）异常行为的识别

宝宝有以下表现之一，应及时咨询医生。

1. 无牙牙学语，不能发“ba-ba”“ma-ma”等叠音词，别人叫他名字，他不会回头；无任何表达手势（如用挥手表示“再见”或用摇头表示“不要”），不会用手指指着或其他动作来表达自己的需要。

2. 不能坐稳，不会爬行，不能扶站、扶走。

3. 不会尝试使用拇指和食指捏起小的物品。

担心的问题：

- 呼唤名字无反应。
- 不会模仿“再见”或“欢迎”动作。
- 不会用拇指和食指捏起小物品。
- 不会扶物站立。

（五）亲子互动

1. 利用给宝宝穿衣、洗澡以及和宝宝玩耍、走路、乘车的时候跟他讲话，促进宝宝的语言发育。

2. 和宝宝玩拍手游戏或找东西的游戏，将玩具藏起来，和宝宝一起找，可以促进宝宝想象力的发展。

3. 可以选择较简单的积木、积塑、套搭、套娃娃等玩具，让宝宝在摆弄这些玩具中发展手指的动作；可以让宝宝学习扔皮球和投皮球等动作，锻炼手臂力量。

4. 识五官：家长与宝宝面对面坐，边唱儿歌“眼睛眼睛在哪里？在这里。鼻子鼻子在哪里？在这里。……”边指认宝宝的五官，再拉着宝宝的手指认家长的五官。

父母“加油站”

知识篇

Q：怎样做有利于宝宝智力的发育呢？

A：家长在注重给宝宝补充营养的同时，还应该为宝宝提供丰富的环境；应增强与宝宝交流的意识，经常对宝宝微笑、说话，给予语言的刺激，教宝宝称呼人、认物，促进其理解能力和表达能力的发展。加强这一阶段的语言沟通训练，可以促进宝宝未来智力的发展。

Q：DHA 可促进大脑和视网膜发育，宝宝要补 DHA 吗？

A：DHA 即二十二碳六烯酸，俗称“脑黄金”，是一种对宝宝大脑发育有着非常重要影响的不饱和脂肪酸。母乳中含有丰富的 α-亚麻酸，母乳喂养的宝宝能将这些 α-亚麻酸转为所需的 DHA，所以不需要额外补充 DHA。1000ml 母乳含 α-亚麻酸 800mg。例如 8 月龄宝宝吃母乳

600～800ml，含α-亚麻酸480～640mg（每天需要量是500mg），已能满足宝宝生长发育的需要。

养护篇

Q：宝宝一直母乳喂养，需要添加益生菌吗？

A：不需要。母乳中含有丰富的寡聚糖，可以促进肠道的益生菌生长，不需要常规添加益生菌。但是早产儿由于消化功能发育不够成熟，肠道相关酶发育不成熟，可以按照医生推荐添加益生菌。

Q：宝宝坠床、跌倒，怎么办？

A：建议就地观察5分钟，这期间不要移动宝宝，不要摇晃宝宝，注意观察宝宝是否有意识改变，是否有流血、骨折。一般如果宝宝没有损伤，开始可能会因为害怕、疼痛或者撒娇等哭一会儿，但宝宝意识是清晰的，之后宝宝就和原来一样，该吃吃、该玩玩，那就可以不用太担心，在家正常护理即可，但还是应该观察48小时内精神状态是否正常；如果出现异常，比如精神不好、激惹、拒绝触碰或活动肢体等情况，需要立即去医院咨询医生。

Q：宝宝什么时候断奶比较合适？应该怎么给宝宝断奶？

A：一般来说，10～12月龄是断母乳喂养的适宜时期，但需因人而异，根据具体情况而定，有条件的母亲（乳量充足，宝宝不依恋）可继续母乳喂养至2岁。断奶对宝宝来说是件大事，若处理不当会对其造成重大的精神刺激。

比如有的妈妈为了断奶刻意与宝宝分离，有时断奶不成，就重复与宝宝分离；还有的往乳头上涂辣椒面、黄连等。接二连三的不良刺激，容易造成宝宝情绪不稳、哭闹、夜惊、拒食，甚至导致成年后易患神经症。因此，给宝宝断奶要有计划地逐步进行，在断奶前两三个月里，就应有计划地添加辅食，让宝宝学会用勺进食、用杯喝水，使断奶“水到渠成”。

Q：宝宝便秘怎么办？

A：如果宝宝平时偏食，水果、蔬菜吃得少，喝水也比较少，可以让宝宝多喝点水，多吃点纤维素含量高的食物，比如麦类、马铃薯、番薯、西兰花、豆类、菠菜、南瓜、白菜、油菜等。但目前没有充足的证据证实过量补充纤维素、多喝水、增加运动量对便秘有效，所以保持正常的纤维素、液体摄入量和运动量即可。如果需要药物帮助，请咨询医生。此外应该培养宝宝的排便习惯，宝宝吃完饭后，肠蠕动会增强，有利于排便，所以可以在饭后 10 分钟左右让宝宝去排便，训练宝宝养成每天自主排便的习惯。

发展篇

Q：如何和宝宝做游戏？

A：游戏是儿童认知活动的一个重要形式。游戏种类繁多，如模仿性游戏、建构游戏、智力游戏、活动性游戏、音乐游戏等。要积极为宝宝提供安全、自由、愉快、生动活泼的游戏环境，创造各种条件让宝宝游戏，促进宝宝在动作、语言、交往等方面的早期发展。

Q：宝宝“打人”，如何应对？

A：年龄小的宝宝出现“打人”的行为，往往是因为要求不能被满足而发泄情绪，或是为了吸引他人的关注。父母需要及时干预和引导，让宝宝明白怎样的动作和行为才是正确的。

（1）要做宝宝的好榜样。通过榜样作用、讲故事、角色游戏等，教育宝宝正确表达自己的要求或情绪。

（2）当宝宝出现“打人”行为时，把宝宝拉向一边，用平静但坚定的语气告诉宝宝“不可以”，在说完之后把头扭到一边，不理会宝宝5～10秒后再继续和宝宝进行正常互动。此时家中的其他人也需要配合，不做出任何表情回应。要避免讲道理之后再拥抱的方法。这样坚持下来，宝宝会发现即使出现了问题行为，也不会获得父母更多的关注，于是“打人”行为就会因失去父母的关注而自然减少。

小贴士：爸爸妈妈，快去完成你们的任务吧！

1. 请翻到第四章，标记好我的成长记录！

2. 在平坦的地面或者家里的生活区，扶住我练习站立和行走吧！让我快快走起来。

3. 拍下我爬行、站立、行走、与人打招呼、用手指拿东西吃、递玩具给小朋友的镜头吧！这些都是我成长的里程碑！

八、13～15个月的宝宝

平均体重：10.68kg（男童）
10.05kg（女童）
平均身长：79.8cm（男童）
78.5cm（女童）
平均头围：47.0cm（男童）
45.8cm（女童）

- 会发单字4～6个
- 能指出想要的物体或用发声表达需求
- 会协助翻书
- 开始学涂鸦

（一）宝宝的发展

1. 能独走，并逐渐走稳；可以自己跪着站起来，能手脚并用爬楼梯；绕物体转弯还不灵活，行走时不能突然止步。

2. 常常能说些别人听不懂的“话”；能听懂简单的指令，按听到的语言做出相应反应；会说4～6个字，能说出眼睛、耳朵、鼻子、口等身体部位的名称。

3. 喜欢把物品往地上扔；可从瓶中拿到小丸，盖上瓶盖；能拿笔乱画。

温馨提示

- 观察事物的特性：引导宝宝识别物体的大小、形状、颜色等；先从物体基本的形状、颜色开始。这个阶段不必要求宝宝记住形状、颜色的名称，而应让宝宝明白“形状”“颜色”两个词的意思。
- 发展宝宝走、蹲、弯腰动作：训练宝宝自己下床铺。
- 精细动作训练：宝宝开始涂鸦了，给宝宝准备好蜡笔和纸，让宝宝随时尽情发挥。
- 自我生活能力的培养：培养宝宝自己用勺进食、用水杯喝水等。

（二）宝宝的养护

1. 除夜间睡眠外，白天可睡 2 次，每次 1.5～2 小时。

2. 断奶后，每日喂养次数约 4～5 次，养成定时进食、固定座位进餐的习惯；鼓励宝宝自己动手吃东西；培养饭前便后洗手的习惯。

3. 这个阶段的宝宝食物种类逐渐接近成人，可以和大人一起坐在餐桌旁进餐了，但吃的东西要弄得碎小一点、味道清淡一点。在两餐中间可以给宝宝吃些点心。

4. 适合本年龄段宝宝的玩具有图书（不易撕坏的、大图案的纸板书）、积木、布娃娃或动物玩具、推拉玩具等。

（三）宝宝疾病的防范及安全防护

1. 1～2 岁期间每 3 个月应进行一次儿童健康体检及营养、预防接种咨询，预防营养不良、单纯性肥胖等营养性疾病。

2. 让宝宝逐渐断离奶瓶。注意宝宝口腔卫生，家长可用指套牙刷帮助宝宝刷牙。

3. 注意安全防护：避免环境中的可吸入异物、烫伤、跌伤、溺水、触电等各种不安全因素；儿童床要远离窗户、窗帘、电线等；不要给宝宝任何需要插电源的玩具和带有小零件或尖锐边角的玩具；不要让宝宝单独留在车中；乘车时要将宝宝固定在汽车安全座椅里；将家中的门窗装上护栏，让宝宝无法推开或者打开；确保家中所有的电源插座都有安全盖；将家中的危险品（包括药品、洗涤剂等）放在宝宝够不到的地方。

预防意外发生

（四）异常行为的识别

宝宝有以下表现之一，应及时咨询医生。

1. 宝宝 13 月龄后牙齿仍未萌出，身高、体重落后于同龄儿童。

2. 常常听而不闻、视而不见，不会理解简单指令，听不懂自己的名字，不理会他人。

3. 不会配合穿衣、洗澡。

担心的问题：

- 不会理解简单指令。
- 不会独站。
- 与他人无眼神、语言或手势的交流。
- 尚未出牙。

（五）亲子互动

1. 培养宝宝良好的行为习惯，包括卫生习惯、与人交往的习惯、劳动的习惯、思考的习惯等。

2. 培养宝宝对图片、文字、书籍的注意和兴趣；带宝宝阅读、使用笔画画，学习有关文明礼仪的故事和儿歌，促进宝宝语言、社会能力的发展。

3. 亲子游戏，如搭积木、玩滑梯、角色游戏等。

温馨提示

儿童早期的游戏对宝宝的感知、记忆、语言、思维等能力的发展有着促进作用。家长应引导宝宝观察其他小朋友游戏或集体活动，在游戏中学习礼仪，发展社会交往能力。

父母“加油站”

知识篇

Q：怎么判断宝宝是否走稳了呢？

A：（1）宝宝的小脚不再紧扣地面，或是用脚的侧面或前掌作为落脚点。

（2）当地面略微不平时，宝宝没有明显暂停下来调整身体的平衡。

（3）宝宝的小手可以自然放下，手臂不需要像企鹅一样张开来保持身体的平衡。

Q：宝宝前囟门什么时候闭合？

A：前囟门闭合时间大约在1～1.5岁，最迟不超过2岁。

Q：宝宝走路有点“内八字”，怎么办？

A：当宝宝摇摇晃晃地走出第一步时，家长可能会注意到他的脚后跟向外翻转，呈“内八字”，这是因为宝宝髋关节韧带还很松，令他的腿自然向外转。1岁到1岁半期间，宝宝的韧带会收紧，然后脚才会笔直向前。假如1岁半仍未正常，可以帮宝宝做一些足部或腿部的练习。如果问题比较严重，可以咨询专业医师。

养护篇

Q：宝宝烫伤如何处理？

A：应立即把烫伤部位放入洁净的冷水或局部冷敷一段时间，这样可及时散热，减轻疼痛或烫伤程度。若烫伤部位表皮发红并未起泡，冷处理后，四肢和躯干烫伤处可涂上紫草油或烫伤药膏，外用纱布包敷；头面颈部的烫伤，不必包扎，保持局部干燥即可。如创面起泡、破溃或宝宝出现发热、局部疼痛加剧，应及时咨询医生。

Q：什么时候给宝宝穿鞋最合适呢？

A：当宝宝能自己扶站了，开始学走路了，就可以开始穿鞋了。

Q：如何给宝宝准备合适的鞋子？

A：（1）选择可以包住脚尖和足跟的鞋，鞋身要有一定的硬度，以起到保护作用。

（2）鞋子松紧合适，千万不要选太大的鞋，以宝宝穿上后鞋后跟处能塞进一个手指为宜。

（3）有异味的鞋子不要买，稀奇古怪的鞋子（如闪光鞋、叫叫鞋等）不建议买。

Q：宝宝什么时候断奶瓶？

A：12 月龄的宝宝开始学习用吸管杯饮水，15 月龄起宝宝应弃用奶瓶，用杯子饮奶或水。

Q：宝宝什么时候可以进食鲜牛奶？

A：1 岁以后幼儿可摄入鲜牛奶。因脂肪仍是幼儿能量的重要来源，2 岁以内的幼儿不建议喂哺低脂或脱脂牛奶。各种类奶主要成分之间的区别可参见下表。

各种类奶主要成分表（每 100g）

	鲜牛奶	全脂牛奶	脱脂牛奶	酸奶
热量（kcal）	54	64	35	72
蛋白质（g）	3	2.55	3.6	2.5
脂肪（g）	3.2	2.65	0.1	2.7
碳水化合物（g）	3.4	3.73	5.2	9.3

发展篇

Q：家庭中有多种语言，会影响宝宝说话吗？

A：研究和家长们的经验显示，如果宝宝从很小的时候就开始接触两种语言（甚至更多），特别是经常听到某两种语言，他们可以同时学会两种。在宝宝的正常语言发育阶段，他可能更熟悉其中某一种语言，有时候可能在讲一种语言时混入了另一种语言的词汇，但一段时间过后，这两种语言会变得不同，而且区分开，宝宝可以用两种语言很好地交流。

Q：宝宝不肯吃饭是怎么回事？

A：宝宝没生病，却不肯好好吃饭，原因是多方面的。一是有些家长怕宝宝的营养跟不上，不管宝宝吃得下还是吃不下，一股劲地要宝宝多吃，甚至采用打骂等威胁手段。这会使宝宝把吃饭这件原本会产生愉快情绪的事情与挨打、挨骂联系起来而产生不愉快的情绪，若再加上经常吃零食、饭点不固定，宝宝的胃液分泌会进一步减少，导致食欲降低。二是没有从小培养宝宝良好的生活习惯及独立生活的能力，家长事事包办代替，顿顿喂饭，不让宝宝自己吃饭。三是宝宝模仿家长不良的饮食习惯，如边看电视边吃饭等。这些原因都会形成宝宝的不良饮食习惯。

Q：宝宝不好好吃饭该怎么样纠治？

A：（1）定时进餐，可使胃肠按时蠕动、分泌消化液，食物就容易消化吸收。

（2）不吃零食。零食吃得越多，正餐就吃得越少，形成恶性循环。有的宝宝为了达到吃零食的目的，还会故意不好好吃饭。

(3) 保证进餐环境安静、舒适。将可分散宝宝注意力的玩具、画册、图片等收藏起来；不用威胁手段强迫宝宝吃饭；无论宝宝犯了什么错误，都不要在吃饭时进行训斥。不良的刺激和过度兴奋，都会通过神经内分泌网络影响食欲。

(4) 不能养成边吃边说边玩或边吃边看电视的坏习惯。注意力不集中会减少胃液的分泌而降低食欲。

(5) 坐在固定的位置上吃饭。千万不要追着宝宝一口一口地喂饭；要让宝宝明白没有吃饱就跑掉是不应该的，如果宝宝回到桌前还想吃，可以继续喂食。

(6) 控制进餐时间。一般一次进餐时间不宜超过半小时。宝宝不专心吃饭，到时间就停止喂食，他很快就会明白吃饭时是不能浪费时间的。如在下一次进餐前宝宝确实饿得厉害，可提前开饭。

(7) 要给宝宝积极的正面教育。告诉宝宝饭吃得好，人就结实，长得高，长得快，力气大。宝宝的不良饮食习惯不是一日形成的，因此，帮助宝宝养成良好饮食习惯要有耐心，切不可操之过急，以免适得其反。

小贴士：爸爸妈妈，快去完成你们的任务吧！

1. 请翻到第四章，标记好我的成长记录！

2. 我喜欢走来走去，但有的时候会摔倒，你们要收好危险的东西。

3. 我开始学“画画”了，请帮我准备彩笔与纸张吧。

4. 用相机拍下我独立行走、跟人“聊天”、“画画”等镜头吧！这些都是我成长的里程碑！

九、16～18个月的宝宝

平均体重：11.29kg（男童）
10.65kg（女童）
平均身长：82.7cm（男童）
81.5cm（女童）
平均头围：47.6cm（男童）
46.4cm（女童）

· 牵一只手能上楼梯
· 说单字句、2～3个字的短句
· 翻书时2～3页一起翻
· 模仿画线、抱娃娃

（一）宝宝的发展

1. 会用牙咀嚼苹果、梨等，并能很协调地在咀嚼后咽下；前囟门闭合（12～18个月）；能控制大便，白天能控制小便。

2. 能扶栏上下楼梯，开始学跑，踮着脚站。

3. 可将4块积木叠搭在一起；有目标地扔皮球，会模仿画线；会脱鞋、袜子、手套，会拉开拉链。

4. 能说出几个有意义的单词、短语，会说自己的名字、熟悉的人或物品的名字，会使用动词如“抱”“吃”等；和父母一起看图识画。

5. 开始理解简单的因果关系，能根据感知方面的突出特征对熟悉的物品进行简单的分类。

温馨提示

- 发展运动技巧：引导宝宝踢球、骑三轮脚踏车或者随着音乐跳舞；通过画线条、画简单的几何图、搭积木、用绳穿珠等活动，训练宝宝手的灵活性和动作的准确性。
- 通过看图说话、与小朋友玩耍、角色扮演游戏等，培养宝宝的观察能力、记忆力、思维能力、想象力和创造力。
- 发展语言理解能力。依据情景变换声调与宝宝说话，比如宝宝想要人抱的时候对他说：“抱不抱?”把语调升高，让宝宝渐渐地意识到语调的重要性。

（二）宝宝的养护

1. 白天睡眠次数 2 次，每次 1.5～2 小时；喂养次数每日 4～5 次。

2. 有意识地引导宝宝在日常生活中做力所能及的事，如游戏后帮忙收拾玩具等。

3. 教会宝宝在大小便前有所表示，配合成人穿衣、戴帽、穿袜、穿鞋等。

（三）宝宝疾病的防范及安全防护

1. 培养宝宝独立进食能力，防止强迫进食，预防营养性疾病和感染性疾病的发生。

2. 引导宝宝注意周边环境的安全，防止烫伤、异物导致窒息、跌落摔伤、门窗夹手、汽车及道路交通伤害等意外发生。

预防意外伤害

（四）异常行为的识别

宝宝有以下表现之一，应及时咨询医生。

1. 不能说有意义的单字，总是用手势代替说话表示需求；不愿模仿声音，或说话语音含糊不清。

2. 不能站立，或行走经常摔跤、出现行走异常。

3. 喜欢自己玩，不会与别人玩互动游戏。

担心的问题：

- 不会有意识地叫“爸爸”或“妈妈”。
- 不会按要求指人或物。
- 与人无目光对视。
- 不会独走。

（五）亲子互动

1. 学习与人交流：多带宝宝到不同的场合，接触不同的人，让宝宝有机会和小朋友一起玩耍、相处，引导宝宝与周围的人问好、打招呼。

2. 了解自我：让宝宝知道什么能做、什么不能做；引导宝宝知道哪些东西是自己的、哪些东西是别人的；引导宝宝与小朋友分享玩具。

3. 感受艺术之美：可以创设一个涂鸦墙，让宝宝大胆地涂涂画画；陪宝宝玩折纸和粘贴纸的活动。

父母“加油站”

知识篇

Q：为什么宝宝喜欢说“不”？

A：16个月左右的宝宝开始萌发自我意识，初步认识到自己是一个独立的个体，知道自己的名字，认识自己的玩具和衣服。“不”是表明自己立场和态度的工具，使用“不”是要维护自己的独立和权益。对于一些无关紧要的事情，可以让宝宝按照自己的意愿做，但对于涉及健康、安全等的问题，就不能放任。

Q：怎样使宝宝具有良好的情绪？

A：（1）生活上要关心、爱护宝宝，保证宝宝有充足的睡眠、规律的生活，以及足够的玩具、图书及适时的服装。

（2）营造融洽的家庭氛围，宝宝在家庭中应有一定的地位。

（3）避免宝宝因接触不良环境造成不良的情绪体验。

（4）带宝宝参加集体活动，让宝宝在活动中展示自己。

养护篇

Q：如何培养宝宝良好的行为习惯？

A：良好的行为习惯包括大小便、饮食、盥洗、劳动与互助以及生活自理习惯等，应从小开始培养。对宝宝的教育应具体形象，可采用以下方法。

（1）结合法：利用观看影视片、讲故事、唱儿歌等进行自然渗透教育。

（2）示范法：宝宝好模仿，成人的言谈举止会起到示范作用。

（3）反复练习法：为了提高宝宝反复练习的兴趣，可采取一些带有竞赛性的游戏，如“看谁将玩具收得最整齐”。

（4）定位法：对宝宝常用物品的摆放做出规定，使宝宝对常用物品的位置形成固定的印象。

（5）督促检查法：平时进行督促、提醒和检查，使良好的行为习惯不断强化，并逐步成为宝宝的自觉行动。

发展篇

Q：如何克服宝宝的害羞心理？

A：此期是宝宝性格形成的关键时期，家长应该有意识地帮助宝宝克服害羞这个影响人际交往的障碍。

（1）通过培养宝宝的生活自理能力、与人交流的能力等，提升宝宝的自信心，如让宝宝帮忙“做事”，学习帮助与分享，教宝宝使用礼貌用语等。

（2）鼓励宝宝与人交往，带宝宝去公共场所时，鼓励宝宝与他人打招呼，不管宝宝说得好不好，声音大不大，都应该鼓励他。若宝宝出现害羞行为，不要批评、责怪他，应态度从容，避免外人打趣、嘲弄，给他适应环境的时间，这样他可以更快建立自信。

Q：为什么要注意宝宝非智力因素的发展？

A：非智力因素包括兴趣、动机、意志、自信心、情绪、性格、独立性、坚持性、勇敢精神等。有关研究发现，快乐的成功者具有以下素质，即有完善的自我意识（自制力和自控力）和观察能力；有高度的适应能力和百折不挠的意志；有和谐的人际关系；有十足的自信心和灵活的决断力。总是被抱在怀里、各种事情被父母包办代替的宝宝会养成不爱活动、懒惰的习惯；喜欢帮忙“做事”，如帮爸爸拿报纸、帮妈妈整理东西的宝宝，就会更加独立。所以，自小便应该培养宝宝良好的个性发展，让宝宝在父母的示范下，在游戏与日常生活中培养兴趣、自信心、独立性和克服困难的勇敢精神等，这对宝宝将来的学习与生活有很大的帮助。

Q：怎样尽早地开发宝宝的手眼协调能力？

A：发展手眼协调的途径和方法是多种多样的，其中“涂鸦”是十分有效的途径。宝宝从1岁多开始，就喜欢胡乱涂画，此阶段一般持续到3岁左右。涂鸦活动不仅极大地丰富了宝宝的精神生活，而且极好地训练了他们自身的手眼协调能力。因此，父母应为宝宝涂鸦提供必要的条件，诸如铅笔、彩笔、硬纸片、涂鸦墙等工具，以及坐、站、跪均舒适的场所，使宝宝有更多的创作机会。玩积木、搭建、捏橡皮泥，到户外放风筝、捉昆虫、摘花草等，也可以开阔宝宝的眼界，促进宝宝手眼协调性的发展。

小贴士：爸爸妈妈，快去完成你们的任务吧！

1. 请翻到第四章，标记好我的成长记录！

2. 多带我跟大哥哥、大姐姐们一起玩，多给我讲故事。

3. 多给我准备不同形状、不同材质、不同类别的物品，让我感知丰富多彩的事物。

4. 用相机拍下我认真涂鸦、搭积木、脱鞋袜、翻书时的镜头吧！这些都是我成长的里程碑！

十、19～24个月的宝宝

平均体重：12.54kg（男童）
11.92kg（女童）
平均身长：88.5cm（男童）
87.2cm（女童）
平均头围：48.4cm（男童）
47.3cm（女童）

- 会独自上下楼
- 会逐页翻书
- 会用“你”“我”“他”
- 会自己穿鞋

（一）宝宝的发展

1. 会主动表示大小便。

2. 能拾起地上物品而自己不会跌倒，会跑和双脚跳，会独自上下楼，能踢球并不失去平衡。

3. 喜欢跟着大人学说话、念儿歌，爱重复结尾的句子，还能唱简单的旋律；词汇量可多达200个，能说3～5个字的短句，会用“你”“我”等代词，会说出常用东西的名称和用途；能回答简单的问题。

4. 认识红色；能区分方形、三角形和圆形；喜欢看图书，指认书中物品；会折纸，模仿画垂直线和圆；能用7～8块积木搭高。

5. 开始知道自己是女孩还是男孩；喜欢与小朋友玩交往游戏；会表示个人需要。

温馨提示

- 感知培养：给宝宝准备不同形状、不同颜色的物品，让宝宝学会认识形状和颜色。
- 大运动训练：训练宝宝双脚跳、跑、踢球等，发展大运动技能。
- 精细动作培养：给宝宝准备好纸、笔和油画棒，让宝宝学习折纸、画圆、画直线，给图画上色。
- 发展自我意识：宝宝开始谈论自己喜欢什么、不喜欢什么、想什么、感觉到什么等。代词可能会让宝宝糊涂，所以宝宝会尽量避免使用它们，比如宝宝会说“宝宝扔”，而不说“我扔”。家长可在日常生活中教宝宝区分代词“你”“我”“他”。

（二）宝宝的养护

1. 白天睡眠次数可逐渐减至1～2次，每次1.5～2小时。

2. 一日三顿主食，在早中餐及中晚餐之间各安排一次点心。要保证食物多样，有足够的营养。

3. 每天至少半小时的户外活动，接受日照，有助于宝宝锻炼体格，预防维生素D缺乏，促进钙的吸收。

4. 培养宝宝爱护玩具的习惯。

（三）宝宝疾病的防范及安全防护

1. 准备好婴幼儿专用牙刷，帮助宝宝刷牙，每晚一次，预防龋齿。

2. 防止强迫进食，避免过多液体或零食摄入。

3. 预防烫伤、中毒、走失、触电、溺水、交通意外等不安全事件发生。

4. 养成饭前便后洗手的习惯。

（四）异常行为的识别

宝宝有以下表现之一，应及时咨询医生。

1. 2岁了还不会说单词，不能模仿动作，不能听从简单指令。

2. 不会用勺吃饭，走路易摔跤，不会扶栏杆上楼梯。

3. 缺乏与他人交往和交流的技巧，不能跟小朋友一起玩游戏。

担心的问题：

- 不会说3个物品的名称。
- 不会按要求做简单的事情。
- 不会用勺吃饭。
- 不会扶栏上楼梯或台阶。

（五）亲子互动

1. 与宝宝一起玩“猜猜看”游戏。念童谣给宝宝听，如“小白兔，白又白，两只耳朵竖起来，爱吃萝卜爱吃菜，蹦蹦跳跳真可爱”，让宝宝尝试念出每句最后一个字，如“兔”“白”等。

2. 教育宝宝与人交往时用语言打招呼、问好、说“再见”等；培养宝宝在共同的游戏中学会与小伙伴相互关心，友好相处。

3. 对宝宝喜欢的图书，家长可以和宝宝一起反复朗读；宝宝喜欢的歌曲，家长和宝宝一起多次吟唱；一起回忆生活中发生过的有趣事情，说话时看着宝宝的眼睛，尽可能保持目光与宝宝的视线在同一个水平（必要时大人需蹲着），用宝宝的名字称呼他。这些方法都有利于提升宝宝的注意力与记忆力。

父母“加油站”

知识篇

Q：宝宝学说话有哪些阶段和特点？

A：宝宝学说话的最初阶段可能有发音上的错误，父母不要紧张，宝宝的这些表达错误会在学习及成人纠正的过程中逐渐得到改正。1～1.5岁的宝宝说句子不完整，常常用一个单词表达比该词意义更丰富的内容，例如，“饭饭”可以是“我要吃饭”，也可以表示“这是米饭”。成人理解宝宝语意时要和说话时的情景及其他动作相结合。在1.5～2岁时宝宝出现“电报句”，即2个或3个词组合的句子，如“妈妈排排（坐）”“外外去”等，表达的意思比单字词明确些，但句子断续、简略、不完整。到2岁左右，宝宝大部分说的便是完整句。宝宝说话的早晚是与父母的关注、教育分不开的，女孩一般说话比男孩早些。

Q：如何帮助宝宝建立健康的自我意识？

A：宝宝在1岁左右有一个重要的动作出现，即独立行走。独立行走的出现使得宝宝的心理产生巨大变化，他们对于“我”的认识开始萌芽。2岁左右是宝宝自我意识形成非常关键的时间点。在这个阶段家长应当给予正确的引导和良好的视觉、听觉刺激，学会听宝宝表达，尊重宝宝，让宝宝建立健康的自我意识，为未来的人格发展奠定良好的基础。

养护篇

Q：宝宝挑食，父母应该要怎样做？

A：（1）家长应做好榜样，克服挑食、偏食的不良饮食习惯。

（2）确保宝宝有固定的吃饭时间和就餐位置。

（3）饭菜经常变换花样，饮食多样化；鼓励宝宝尝试各种食物；用语言赞美宝宝不愿吃的食物，并带头品尝。

（4）让宝宝专心吃饭，不要让宝宝边吃饭边玩玩具、听故事或看电视，不要在吃饭时批评教育宝宝。

Q：如何让宝宝改掉入睡时吮吸奶瓶的习惯？

A：当宝宝7～10个月大的时候，有了很强的独立性，不愿意蜷缩在母亲的怀里吮吸奶瓶，而愿意坐着自己用手扶着奶瓶喝奶，如果妈妈此时不再关注宝宝喝奶而去忙别的事情，宝宝可能喝着喝着就睡着了，并逐渐养成离开奶瓶就不睡觉的习惯。随着宝宝的长大，妈妈想改掉宝宝这个习惯，他就会号啕大哭，致使入睡变得极为困难。为了改掉宝宝这种不良习惯，不要让宝宝躺在床上喝奶，可以让宝宝坐在椅子上或妈妈的膝盖上，自己扶着奶瓶喝奶，喝完奶之后才能把宝宝放回床上。如此经过2～3周后，由于奶瓶不再是宝宝入睡所必需的一个条件，这种不良习惯也就会改掉了。

发展篇

Q：如何培养宝宝的专注力？

A：随着生活条件的改善，宝宝物质生活越来越丰富。各种五颜六色、新奇怪异的玩具堆在宝宝面前，使得宝宝无所适从，反而不利于培养宝宝的专注力。宝宝天生喜欢安静和有秩序的环境，整洁安静的环境能使宝宝开心快乐地学习。建议提供给宝宝的玩具不要过多。在宝宝独自玩耍时，家长应该给宝宝一个独处的空间，静静地观察宝宝，适时地引导和协助而不要过多地干涉，也可进行一些培养专注力的亲子游戏。

Q：父母教育宝宝的态度与宝宝性格有关系吗？

A：婴幼儿期宝宝的性格尚未定型，父母对宝宝的态度可以影响宝宝的性格，其关系参见下表。

父母的教育态度与宝宝性格的关系对比表

父母的态度	宝宝的性格
民主	独立，大胆，机灵，善于与别人交往、协作，有分析思考能力
过于严厉，经常打骂	顽固，冷酷无情，倔强或缺乏自信心及自尊心
溺爱	任性，缺乏独立性，情绪不稳定，骄傲
过于保护	被动，依赖，沉默，缺乏社交能力
父母意见分歧	警惕性高，两面讨好，易说谎，投机取巧
支配性	服从，依赖，缺乏独立性

小贴士：爸爸妈妈，快去完成你们的任务吧！

1. 请翻到第四章，标记好我的成长记录！

2. 给我准备好各种各样的物品，让我通过触摸来区分它们的形状，感知软硬冷热。

3. 拍下我自我介绍、自己吃饭、学做家务、学唱儿歌的镜头吧！这些都是我成长的里程碑！

十一、25～30个月的宝宝

平均体重：13.64kg（男童）
13.05kg（女童）
平均身长：93.3cm（男童）
92.1cm（女童）
平均头围：49.1cm（男童）
48.0cm（女童）

- 会双脚跳
- 用执笔方式握笔写画
- 会帮忙收拾玩具
- 能说出自己的性别

（一）宝宝的发展

1. 能倒退着走、侧着走和奔跑，能双脚离地跳、双脚交替走楼梯；会踮起脚尖走路，可以单足站；能在平衡木上行走，会爬攀登架，具备较好的平衡能力。

2. 会用铅笔画竖线、横线和圆圈，会转动门把、旋转圆盖子；掌握搓、压、团等玩橡皮泥的技巧，会简单的手工折纸。

3. 会说8～10个字的句子，能把名词和动词连在一起，造出简单的完整句，比如“我现在去……”；理解包含2～3个要求的指令；会识别常见物体的图片。

4. 会玩简单的机械玩具；开始理解数的概念；能理解位置关系（“上面”“里面”“下面”）；能分辨红、绿、蓝、黄、黑、白等基本色。

5. 喜欢与同伴一起玩角色游戏，会相互模仿。

6. 会自己洗手、擦脸；会穿鞋、袜子和裤子。

温馨提示

- 观察能力和思维能力的培养：教宝宝分辨不同的颜色，学习将事物按照属性归类，如按多少、长短、大小、颜色等归类。
- 理解数的概念：可以给宝宝准备不同数量的物品，教宝宝点数。
- 促进语言的表达：家长不要再用“吃饭饭”“坐车车”之类的“儿语”和宝宝说话了，应使用成人语言和他们交流，让宝宝学习规范的语言表达。大人说话声音不能过大，不要使用暴力语言，否则容易对宝宝产生不良影响。
- 训练动作的灵活性：训练宝宝独自上下楼梯，学会有目标地抛球、滚球、投掷，在追逐、奔跑中培养动作的灵活性。
- 理解规则、秩序：训练宝宝和别人一起合作玩游戏，遵守游戏规则。

（二）宝宝的养护

1. 每天睡眠时间 9～13 个小时，白天可小睡 1.5～2 小时，养成良好的睡眠习惯。

2. 一日三顿主食，再加一两顿点心。最理想的情况是，确保宝宝每天吃到以下四类基本食物中的每一类：①肉类、鱼类、禽类、蛋类；②牛奶、奶酪及其他奶制品；③水果和蔬菜；④谷物、土豆、米饭以及其他面粉制品。避免进食硬糖、带核水果、整个坚果（尤其是花生）等食物，预防异物导致窒息。

3. 鼓励宝宝做力所能及的事，训练宝宝自己上厕所。

4. 培养宝宝辨别是非行为，培养爱劳动、关心他人的品质；鼓励宝宝树立克服困难的信心。

（三）宝宝疾病的防范及安全防护

1. 坚持每半年体格检查一次。

2. 教宝宝学习如何正确洗脸、洗手、刷牙、大便后用手纸清洁臀部。

3. 创造安全的居家环境，将所有通向危险之处的门锁起来，预防跌落、烧（烫）伤；收好所有药品，预防中毒等意外发生；家长自驾车出行时一定要让宝宝坐在汽车后排的安全座椅中。

预防药品误食

（四）异常行为的识别

宝宝有以下表现之一，应及时咨询医生。

1. 经常跌倒，不会上下楼梯；仍然不停地流口水或吐字不清，无法用短句交流，无法理解简单的命令。

2. 不会参与角色扮演游戏，对其他小朋友不感兴趣，对玩具没有什么兴趣，极难与母亲分开，回避视线交流，拒绝语言交流。

3. 对各种食物不感兴趣或偏食，甚至拒食，出现体重增长缓慢或下降；把泥土、墙灰、石头、纸片、沙子、毛发等作为食物进食，不听家长劝阻，需注意有无异食癖。

担心的问题：
- 不会说 2～3 个字的短语。
- 兴趣单一、刻板。
- 不会示意大小便。
- 不会跑，肢体运动姿势不对称。
- 挑食、偏食。

（五）亲子互动

1. 多给宝宝创造与其他小朋友交往和共同活动的机会；可通过角色游戏，如扮演交通警察、售货员等，让宝宝学习交往和社会准则。

2. 多给宝宝讲故事，可与宝宝进行复述故事、数字记忆、物体分类等游戏。

3. 要理解和支持宝宝的“假想的游戏”；带宝宝认识身边的事物；多给宝宝提供图画书、图画卡片，带着宝宝一起看，让宝宝看图说话；带着宝宝走出家门，在广阔的天地里锻炼他们的视听和观察能力。

父母“加油站”

知识篇

Q：宝宝说话不流利，有点口吃是怎么回事？

A：1岁半到2岁半是宝宝的语言爆发期。宝宝在表达自己的想法时，往往会在选择适当的词上出现问题，表现为说话停顿、犹豫不决、重复，易使家长误认为是口吃。其实这大多是发育时期的暂时性现象。家长要给予理解，不要催促，不要笑话、模仿，要鼓励宝宝慢慢说。发育性口吃在3岁左右表现最为明显，随年龄增长会逐渐消失。

Q：孤独症宝宝的早期表现有哪些？

A：如果宝宝出现很难进行和保持眼神交流、语言表达不畅或迟缓、对父母的笑脸或者其他表情缺乏回应、重复身体动作（如不停拍手或摆手）、很少玩假装游戏或用不正常的重复方式使用玩具、很难对别人表达关心等，要警惕孤独症的可能，应尽早带宝宝去咨询医生。

Q：宝宝精力旺盛、好动，是不是患了“多动症”？

A：2岁左右的宝宝喜欢跑跳攀爬，不喜欢慢慢走路或坐着不动，说话速度快，注意力很容易转移，经常精力很旺盛，“停不下来”。可能这些情况让家长很担心，但这往往只是这个年龄段宝宝探索外界的本性。家长应有耐心，给予宝宝充足的机会，通过跑跳、攀爬、踢球等游戏来释放旺盛的精力；可以鼓励宝宝多做一些安静的活动，比如每当宝宝安静地看书超过几分钟就表扬他。这种过剩的精力通常在宝宝达到上小学年龄时就会消失。当然，如果上述问题明显影响到家庭生活和宝宝的学习活动，家长担心宝宝是否有多动症，可以咨询专科医生。

养护篇

Q：宝宝发热了，该如何给宝宝测量体温？

A：可以用玻璃水银体温计、电子体温计、红外线体温计等测量宝宝的体温。

（1）玻璃水银体温计：这是使用最多的、最为传统的体温计，测温准确、可靠。给宝宝备的水银体温计要专表专用，使用前后要用酒精消毒。测量前先将体温计内的水银柱甩至35℃以下。测量方法如下。

①腋下测温法：将体温计水银头放在宝宝腋窝中，用上臂夹紧，5分钟后取出查看。正常腋温为36.0℃～37.4℃。

②肛门内测温法：让宝宝侧躺，下肢屈曲，在体温计的水银头上抹一点石蜡油或食用油，轻轻插入宝宝肛门内3～4cm，3分钟后取出，用纸巾擦干净，查看体温。正常肛温为36.9℃～37.9℃。

（2）电子体温计：使用方便，但需要经常进行校准。家长可用玻璃水银体温计进行校对，比如，宝宝的正常体温用玻璃水银体温计测是36.5℃，但用电子体温计变成了37℃，那么只要宝宝不超过这个温度就是正常的。

（3）红外线体温计：操作方便，采用红外感温技术，无须接触就可快速测得体温。有耳温仪和额温仪两种。正常额温、耳温为36.0℃～37.4℃，但额头的温度受周围环境温度影响很大，比如冬天从户外归来，测得的额温低；

夏天从户外归来，测得的额温就会比较高。

Q：宝宝出现发热如何进行家庭护理？

A：小于2个月的宝宝出现发热，如果排除衣被包裹过多导致的发热，要尽早上医院就诊。大于2个月的宝宝如果发现发热，家长要保持镇静，不要慌张，以免造成宝宝恐慌。先仔细给宝宝测量体温，同时给予下列处理。

（1）多给宝宝饮水，进食易消化的流质或半流质食物。

（2）可适当脱去些衣服，减少覆盖的被褥，促进体表散热。及时更换汗湿的衣物。可同时用30℃左右的温水将毛巾打湿来擦拭宝宝身体，进行物理降温（物理降温是有效的，但可能会增加小月龄宝宝的不适感，如果宝宝不喜欢就不要）。不要用凉水或者酒精来擦拭宝宝的身体。

（3）2月龄以上的宝宝出现高热（腋温≥38.5℃，肛温≥39℃），或因发热出现不舒适和情绪低落，可使用医师建议的口服退热药物退热。

每2～4小时给宝宝测量一次体温，若宝宝经过上述处理后依然高热，或伴随其他症状，如呕吐、头痛、精神倦怠等，请及时送医院就诊。

Q：遇到宝宝高热抽搐，家长该怎么处理？

A：高热抽搐，又称“热性惊厥”。热性惊厥发作多为短暂的自限性发作，家长应保持镇定。将宝宝放置于安全的地方，如床上、平地等，侧卧位平躺，防止意外伤害；快速松开宝宝的衣领，清除口腔异物或分泌物，防止误吸；不要往宝宝嘴里塞任何东西，包括筷子、毛巾等；不要盲目按压穴位，不应刺激宝宝；若发作超过5分钟或发作后意识不清，需尽快就医。

Q：有过高热抽搐的宝宝能否进行预防接种？

A：热性惊厥的患儿原则上无预防接种禁忌。一些疫苗如三价灭活流感疫苗、肺炎球菌疫苗、百白破、麻腮风疫苗可能引起发热，诱发惊厥。这种惊厥依然为热性惊厥，并非疫苗本身对大脑的直接作用。注射疫苗可使宝宝预防更多的感染性疾病，预防相关疾病诱发的热性惊厥。

Q：如何让宝宝放弃安抚奶嘴？

A：2 岁以后，大多数宝宝会意识到自己长大了而逐渐放弃安抚奶嘴。如果宝宝对安抚奶嘴产生依赖而不愿意放弃，可以采用以下方法帮助宝宝放弃安抚奶嘴。

（1）逐渐减少安抚奶嘴的使用时间。当宝宝抗议的时候，可以用其他事物，如玩具、游戏等，分散宝宝的注意力，降低其对安抚奶嘴的依赖性。

（2）将安抚奶嘴隐藏起来，不再使用安抚奶嘴安抚宝宝。习惯含安抚奶嘴入睡的宝宝，开始可能因为没有安抚奶嘴而哭闹，这个时候可尝试分散宝宝注意力，如给宝宝做按摩、讲故事或者唱点轻柔的歌曲，哄宝宝入睡。

（3）让安抚奶嘴带来不适感。试着用苦瓜汁或宝宝不喜欢的食物涂抹在安抚奶嘴上再给宝宝，宝宝会逐渐讨厌安抚奶嘴，从而放弃。

发展篇

Q：宝宝发脾气该如何应对？

A：2～3 岁的宝宝自我意识强，当愿望受到限制或遭遇失败时，往往会发脾气，这会使父母感到宝宝不听话。当宝宝发脾气时，家长保持冷静，缓解宝宝易激惹的紧张情绪；可以采取转移注意力的方法，比如说“你看那只小猫在干什么?”；可以采取“冷处理”方式，在宝宝发脾气时，离开他，给宝宝一些时间让他自己冷静下来；可以采取隔离法，宝宝发脾气时，将宝宝放在一个单独的地方，与家里其他成员或活动隔绝，明确告诉宝宝你不能接受他的行为。对易发脾气的宝宝，还可以采取预防法，如避免宝宝发脾气的可能诱因（如答应宝宝某事却又不能兑现）；鼓励宝宝自己探索，减少限制；在宝宝遇到困难时予以鼓励和指导；通过故事、影视、游戏等，鼓励宝宝学会情绪的控制与表达。

小贴士：爸爸妈妈，快去完成你们的任务吧！

1. 请翻到第四章，标记好我的成长记录！

2. 出去玩时，让我来做介绍吧，我已经会说出自己的姓名、年龄、性别，能说出爸爸、妈妈的姓名。

3. 多陪我做做手工，我喜欢折纸、玩橡皮泥、画画。

4. 拍下我在草地上奔跑、踢球、做家务、玩角色游戏等精彩镜头吧！这些都是我成长的里程碑！

十二、31～36 个月的宝宝

平均体重：14.65kg（男童）
14.13kg（女童）
平均身长：97.5cm（男童）
96.3cm（女童）
平均头围：49.6cm（男童）
48.5cm（女童）

- 会回答简单问题
- 会临摹画圆圈
- 知道前后有序，会排队

（一）宝宝的发展

1. 走、跑、跳等动作更加协调，上楼时可以一步一个台阶，下楼时两步一个台阶；可并足跳远、单脚跳，会骑三轮脚踏车。

2. 能够持续地谈话，并根据谈话对象来调整语调、说话模式、用词等；能流利地说出自己的名字和年龄，别人问话时也很乐意回答；理解简单故事的主要情节并说给家人听。

3. 已经有数字的概念，会认数字 1～10，并能点数、背数 1～20；能完成简单的拼图，穿珠子，学画图，能画方形、圆形，画小人；能区分大小、多少、长短、上下、里外，能给物体归类。

4. 能自己穿衣、脱衣，但需人提醒衣服的内外面，穿鞋有时分不清左右。

5. 喜欢说“我自己来”；喜欢尝试各种新体验，与他人互动，乐意玩角色游戏。

温馨提示

- 培养宝宝的观察能力：引导宝宝观察事物的特征，如比较长短、厚薄、相似性等。
- 发展宝宝的注意力、记忆力：鼓励宝宝按成人的指示，集中精力完成一件事情或一个游戏，当宝宝完成时给予赞许，表扬宝宝的成绩。可利用比赛的形式，激发宝宝积极性，鼓励他集中精力。通过复述、回忆与成人共同的经历，如游戏、做家务等，来培养记忆力。
- 引导宝宝学会计数，初步形成数概念。
- 多与宝宝交谈，让宝宝在交谈中发展语言技巧，如使用表述时间、方位、事物特征的词来发展宝宝的表达和想象能力。例如：“蓝蓝的天空飘着几朵白云，一群群大雁排着整齐的队伍飞往南方，一阵阵轻风夹着一片片黄叶，像一只只蝴蝶在翩翩起舞……”
- 鼓励宝宝做力所能及的事，发展宝宝解决问题的能力。让宝宝预想事情的结果，从而教会宝宝去思考、推理并学会应当怎样做。

（二）宝宝的养护

1. 保证饮食营养均衡，避免宝宝挑食、偏食。

2. 在日常生活中培养宝宝的生活自理能力，如自己进食、上厕所、穿脱衣服等。

3. 避免环境污染所造成的中毒，如铅可影响宝宝的智能、行为发育，阻碍体格生长。宝宝因个子小、呼吸频率快、通气量相对较大，易从呼吸道摄入较多被汽车尾气、燃煤烟雾污染的空气。宝宝摄入含铅的食物以及餐具、玩具表面的油漆，易导致铅中毒。

4. 教宝宝记住自己的名字、年龄、家庭住址，以及父母的名字、职业、单位等；认识各种交通工具，如公共汽车、消防车、救护车、警车等，知道处理突发事件的简单方法（火灾拨打“119”，急救拨打“120”，事故拨打“110”）。

（三）宝宝疾病的防范及安全防护

1. 避免带宝宝到人多、空气流通不畅的环境，注意预防呼吸道感染、肠道感染、麻疹、水痘、传染性肝炎等感染性疾病。

2. 宝宝的免疫力低，带宝宝外出游玩时，要注意饮食卫生，避免意外伤害、蚊虫叮咬。

3. 预防偏食、挑食、喂养困难或进食过多等引起的营养性疾病。

（四）异常行为的识别

宝宝有以下表现之一，应及时咨询医生。

1. 不会说自己的名字，不会用单词组成短语或句子，不能自发地与人交流，词汇有限；不能正确地发“b、p、m、f、d、t、n、l、g、k、h”。

2. 与人交流时表达受挫，局限于玩某些玩具或反复玩某些玩具，不能与他人交往或游戏，不能理解或回答简单问题。

3. 不会模仿画圆，不会双脚跳。

担心的问题：

- 不会说自己的名字。
- 不会玩“拿棍当马骑”等假想游戏。
- 不能与他人交往或游戏。
- 不会模仿画圆。
- 不会双脚跳。

（五）亲子互动

1. 带宝宝观看儿童音乐剧、话剧，玩“过家家”游戏，引导宝宝充分发挥想象力，体验角色的思想情感，通过语言、动作、表情等手段创造性地反映现实生活。

2. 和宝宝一起阅读书籍，培养宝宝的阅读兴趣。每天可阅读2～3次，每次5～10分钟。阅读中家长可通过问“为什么?”“在哪里?”“干什么?”“怎么办?”等，引导宝宝思考。

3. 带宝宝去爬山、玩沙、玩水、到草地上奔跑、踢球等；带宝宝到动物园、水族馆、博物馆等地方看看，开阔他们的视野。

4. 和宝宝一起回忆、复述共同经历的活动，来培养记忆力。可玩游戏“比比看谁记得多”，让宝宝看一张画有数种动物的图片，限定在一定时间内看完，然后将图片拿开，让宝宝说出图片上有哪些动物。开始时看的时间可长些，然后逐渐减少。如果宝宝记住的不多，还可以教他使用一些记忆的方法，例如提问“有翅膀、能飞的动物有哪些?”，让宝宝通过观察动物特征来记忆。

父母“加油站”

知识篇

Q：为什么我的大宝内向、安静，小宝却开朗、调皮？

A： 即使是孪生子，他们的个性也不会一模一样。有的宝宝安静，有的宝宝好动，这是与生俱来的气质特点，无好坏之分。对于不同气质的宝宝，父母要采取相应的教养策略。比如对于一个正在向电源插座里塞东西的宝宝，如果他是个适应能力强的宝宝，父母只要向他讲清楚道理就行了；如果宝宝容易分心，则需要转移其注意力；如果他是个固执的宝宝，父母可以把他转移到另一个房间，使他远离危险。

Q：如何帮助大宝和小宝和谐相处？

A：随着小宝的出生，父母忙于照顾小宝，陪伴大宝的时间可能没有像以往那么多，大宝有心理落差是很正常的。父母要关注大宝的心理活动，及时做好疏导工作；要给大宝更多的关心，并且要把对大宝的爱明确地表达出来，比如对大宝说：“因为弟弟妹妹现在还很小，需要更多的照顾，但是爸爸妈妈永远爱着大宝。”每天要留出一定的时间专门陪伴大宝。可以帮助大宝体验当哥哥姐姐的好处，如因为大宝长大了，所以可以有权利做许多事情。当大宝能自己穿衣吃饭了，要及时表扬他，让弟弟妹妹向他学习，激发大宝的自豪感和保护小宝的欲望。同时，要给小宝树立规则，让大宝明白，父母对小宝也是有要求的，对他们的教养是公平的，比如对小宝说：“小宝，不能大声地哭哦，这样会影响哥哥姐姐睡觉的！”

养护篇

Q：宝宝磨牙有哪些原因与对策？

A：产生磨牙的原因很多，除了大家熟知的肠道寄生虫以外，上呼吸道感染、下颌关节功能紊乱、白天精神异常兴奋和消化功能紊乱也会导致宝宝夜间磨牙。如果宝宝存在疾病因素，则应去除病因；不要让宝宝活动过于剧烈，尽可能使宝宝睡前心态平静；不要盲目采用驱虫疗法，要在医生指导下有针对性地用药；从哺乳期开始，加强宝宝的牙齿保健，注意补钙，纠正宝宝的不良习惯。

Q：宝宝打呼噜是否正常？

A：正常宝宝的呼吸是顺畅的，睡觉时一般不会打鼾。打呼噜常见的原因有咽喉发育异常、睡觉时舌头后坠、扁桃体反复发炎、呼吸道感染、哮喘和肥胖等。如果宝宝在一周中有两三个晚上打呼噜，就是病态睡眠了，需要咨询医生。

发展篇

Q：电子屏幕暴露（看电视、电脑、*iPad*、手机屏幕等）对宝宝有哪些影响？

A：宝宝长时间看电视、电脑、iPad、手机屏幕等，会影响视力发育，也容易造成被动学习与接受的思维习惯，疏于思考，不愿意表达和与人交流，因此不主张 2 岁以下宝宝过早地暴露在电子屏幕下。2～5 岁儿童建议使用电子屏幕时间每天不超过 1 小时，家长应全程陪伴，并予以适时的指导，帮助他们更好地理解所看的内容，且帮助他们理解自然现实世界。

Q：如何帮助宝宝做好入园前的准备？

A：（1）行为准备：让宝宝学习用杯子喝水，用勺子吃饭，自己大小便（或者至少会表达需求），学习穿脱衣服，按规定的时间睡觉。

（2）心理准备：培养宝宝的交往能力，鼓励宝宝与其他小朋友交往；培养宝宝良好的倾听习惯，如家里每个人说一句话，让宝宝猜猜是谁说的，或者让宝宝重复家长说的话；让宝宝熟悉幼儿园，家长要把幼儿园描述得非常美丽、温馨，而且强调只有好宝宝才能去；可以和宝宝一起玩扮演幼儿园教师和小朋友的角色游戏，帮助宝宝了解幼儿园小朋友的学习生活；家长要注意引导宝宝观察周围人的生活，如小朋友上幼儿园，哥哥姐姐上学，叔叔阿姨上班，不同的人有不同的事情，让宝宝明白上幼儿园是一件很自然的事情。

小贴士：爸爸妈妈，快去完成你们的任务吧！

1. 请翻到第四章，标记好我的成长记录！

2. 我会唱好几首儿歌，讲好几个故事了，可以上台表演了。

3. 拍下我骑车、表演、玩角色游戏、自己读绘本等镜头吧！这些都是我成长的里程碑！

第三章　婴儿抚触及婴幼儿体操

第一节　婴儿抚触

婴儿抚触是抚触者用手在宝宝体表部位运用各种特定的手法和规范化的动作，如推、揉、掐、按、摩、捏等，给宝宝身体和神经系统以适宜的刺激。抚触可以减轻宝宝的焦虑和紧张，有利于良好亲子关系的建立，促进宝宝的体格生长及智能发育。宝宝出生后 2～3 天适应生活环境后就可以开始做抚触了，通常在喂奶后 1.5 小时左右进行。

一、头面部抚触

1. 双手拇指从宝宝下巴中央沿着脸的轮廓往外上滑动，至耳垂处停止，使上下颌形成微笑状。

2. 双手拇指放在宝宝前额眉间上方，用指腹轻柔向外平推至太阳穴。

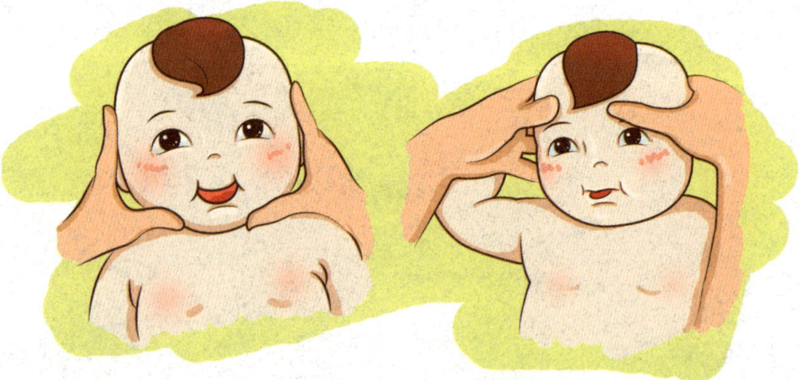

3. 两手从宝宝前额发际抚向脑后，像梳头一样，最后两中指停在耳后。

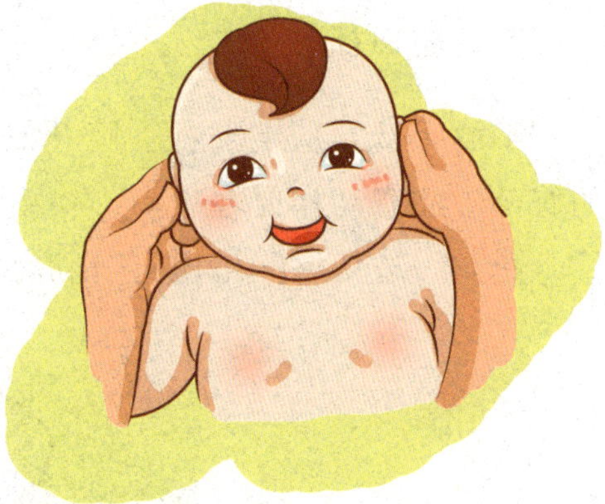

4. 扯摸耳垂。用拇指和食指轻轻按压宝宝的耳朵，从上面往下按到耳垂；反复向下轻轻拉扯，然后不断揉捏。

妈妈可一边抚触一边和着抚触的节拍对宝宝说话，如："小脸蛋，真可爱，妈妈摸摸更好看。"

二、胸部抚触

双手放在宝宝的两侧肋缘，先是右手向上滑向宝宝右肩，复原。换左手上滑到宝宝左肩，复原。重复3～4次。

妈妈一边抚触一边说："摸摸胸口，真勇敢，宝宝长大最能干！"

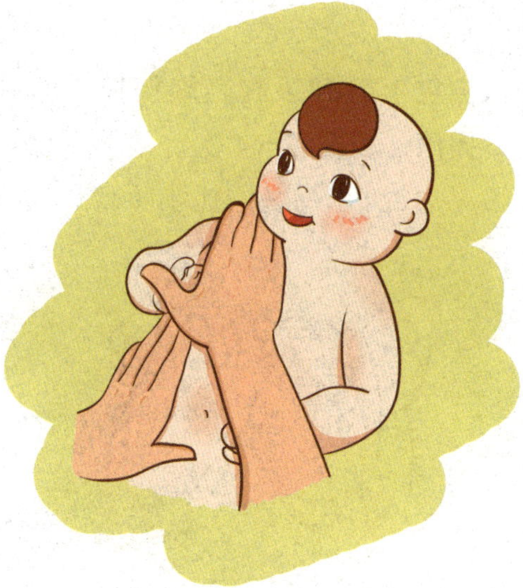

三、腹部抚触

平放手掌，从宝宝右下腹开始，以顺时针方向画圆抚摩宝宝的腹部。注意动作要轻柔，不要离肚脐太近。

妈妈一边抚触一边说：“小肚皮，软绵绵，宝宝笑得甜又甜。”

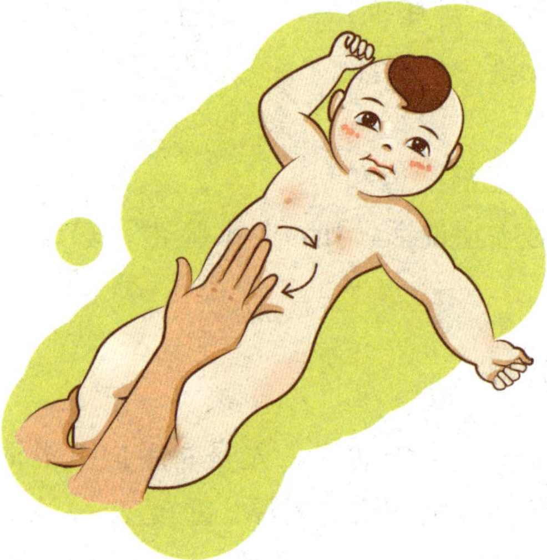

四、四肢抚触

双手交替着从宝宝上臂到手腕轻轻挤捏，然后双手手掌夹住宝宝手臂从上向下搓滚。反复 3～4 次。下肢手法同上肢。

妈妈一边抚触一边说：“妈妈搓搓小手臂，宝宝长大有力气。”

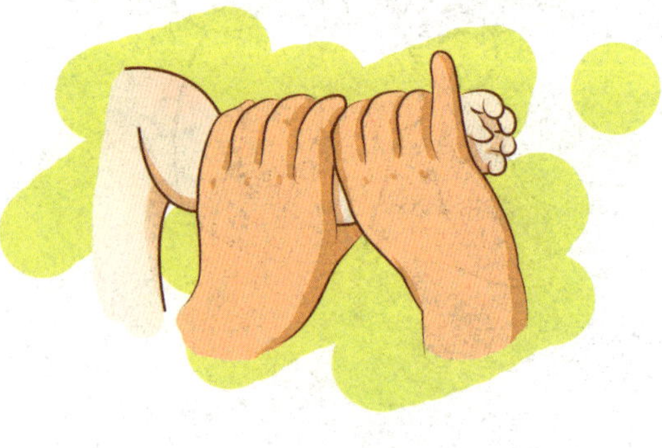

五、手掌、脚掌抚触

1. 用两拇指交替着从宝宝手掌心向手指方向推进，从脚跟向脚趾方向推进。

2. 一只手托住宝宝的脚后跟，另一只手四指聚拢在宝宝的脚背，用大拇指指肚轻揉脚底，从脚尖抚摸到脚跟。反复3～4次。

妈妈一边抚触一边说：“妈妈给你揉揉脚，宝宝健康身体好。”

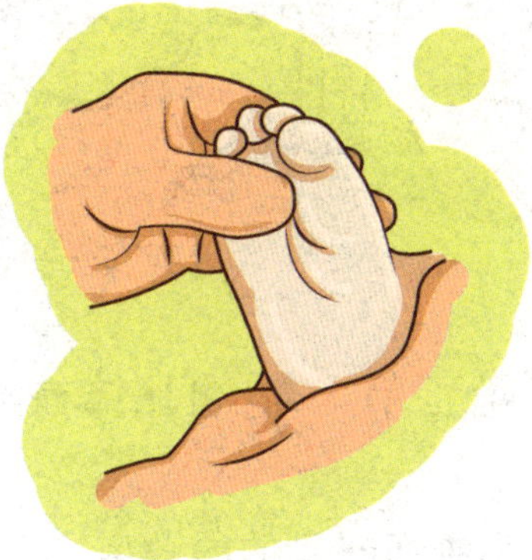

六、背部抚触

1. 双手大拇指平放在宝宝脊椎两侧，其他手指并在一起扶住宝宝身体，拇指指腹分别由中央向两侧轻轻抚摸，从肩部移至臀部。反复3～4次。

妈妈一边抚触一边说：“妈妈摸摸背与腰，宝宝健康身体棒。”

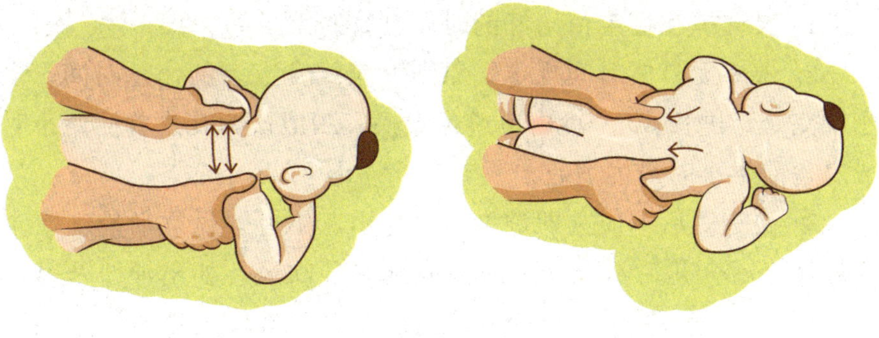

2. 五指并拢，掌根到手指成为一个整体，横放在宝宝背部，手背稍微拱起，力度均匀地交替从宝宝脖颈抚至臀部。反复3～4次。

妈妈一边抚触一边说："脊梁背有力量，长大为国添光彩。"

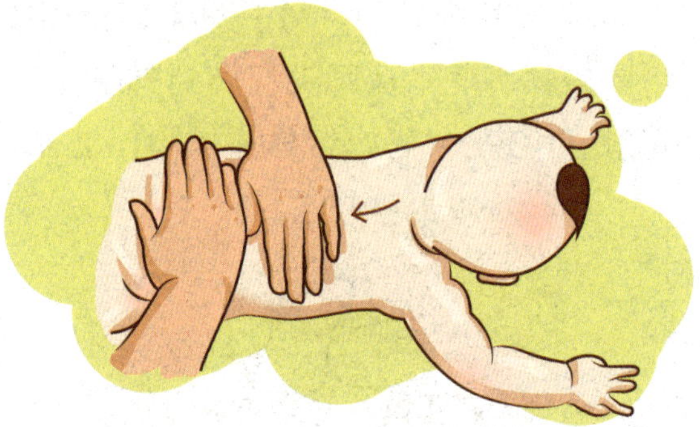

第二节　婴幼儿体操

体操能给婴幼儿系统而有目的的锻炼，促进婴幼儿动作发展、骨骼和肌肉发育以及感觉统合能力的提高，还可加强亲子关系，对婴幼儿的健康成长有很大的好处。一般一岁以内的宝宝需在父母的帮助下做操，即被动体操；一岁以后的宝宝可模仿成人或按成人的指令做模仿体操，即主动体操。本节只就婴儿被动体操的内容进行介绍。

做体操的注意事项如下。

1. 要选择在宝宝情绪好的时候进行。

2. 做操无具体时间规定，原则上应配合宝宝的作息时间，但刚喂完奶或进食30分钟内应避免做操。一般认为在进食后两小时或进食前半小时最为适宜。

3. 做完操后不应立即进食，以免引起呕吐。做操后应让宝宝安静休息一会儿，不要马上沐浴或到室外吹风，如出汗要及时擦干，以免感冒。做操后休息片刻，可给宝宝喝些温开水，补充做操时丢失的水分。

4. 要注意循序渐进，不要使宝宝过于疲劳。做操会使宝宝呼吸及脉搏加快，一般情况下，两分钟后应恢复正常，否则即说明活动过度，体操量太大，应将次数减半。随着宝宝月龄的增大，适应性增强，可逐渐增加训练强度，延长训练时间。一般每次10～15分钟，每日1～2次。

5. 宝宝身体不舒服或患病时应暂停训练。体弱的宝宝刚开始可先做一两节再逐渐增加。

6. 做操时房间里空气要流通，温度要适宜。不要给宝宝穿太厚或太紧身的衣服，做操前应让宝宝排空小便，摘去尿布，以免影响活动。

7. 帮助宝宝做被动操的成人应剪短指甲、洗净手，摘下手上佩戴的饰品，如戒指、手表等，以免划伤宝宝皮肤。若成人手凉，可温热后再给宝宝做操。

8. 做操的动作应缓和而有节奏，可结合儿歌或音乐的节拍进行。勿强迫宝宝做各种练习，宝宝暂时完成不了的动作，可过一段时间后再尝试，切勿操之过急。做操时，应随时注意宝宝的表情反应，并时时对他说话、微笑，使宝宝有舒适感；如宝宝过于紧张、烦躁，可暂时不做。

9. 做操时应在较硬的平台上进行，如婴儿被动操可在硬板床上或桌子上铺上垫子进行，幼儿操可在地板上铺上毡子进行。

10. 做操应每天持之以恒，方有成效。

一、1～6个月宝宝体操

（一）准备运动：按摩全身

目的：帮助宝宝放松肌肉。

预备姿势：让宝宝自然放松仰卧。

1. 按摩双上肢：把左手拇指放在宝宝右手掌心，其余四指轻轻托住宝宝的手，右手顺着宝宝的右手腕到肩膀，沿内侧和外侧各轻拍 4 次。换手，轻拍宝宝左手臂。

2. 按摩双下肢：左手轻轻抓住宝宝右脚，右手自宝宝右脚脚尖沿着大腿前侧与后侧，向腹股沟方向按摩，各 4 次。换另一侧腿按摩。

注意：膝关节与大腿内侧不可按摩，以免诱发肌肉紧张。

3. 按摩腹部：右手手掌心放在宝宝腹部，以肚脐为中心，顺时针慢慢按压（按压力度以压迫腹部稍微下凹为宜）4 圈。腹部按摩可加强腹肌力量，促进排气，改善便秘。

（二）上肢运动

目的：增加上肢关节的灵活性，促进宝宝双手肌肉和胸部的发育。

1. 伸屈肘部、肩部关节

预备姿势：宝宝仰卧，两手分置于身体两侧。妈妈伸屈肘部，两手分别握住宝宝两手腕部。

动作分为如下 8 拍。

①轻拉宝宝两手使之在身体两侧伸平，掌心向上。

②轻拉使宝宝两手臂肘关节弯曲，两手触及肩部。

③拉开肘关节伸展成“①”的姿势。

④还原成预备姿势。

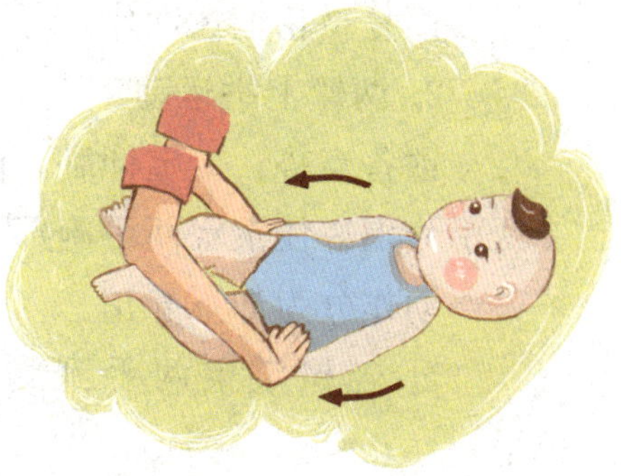

⑤轻拉宝宝两手到胸前平举，掌心相对。

⑥轻拉使两手下压。

⑦轻轻拉起两小手，使之恢复成“⑤”的姿势。

⑧还原成预备姿势。

重复一轮上述动作。

2. 两臂上举运动

预备姿势：宝宝仰卧，两手分置于身体两侧。妈妈伸屈肘部，两手分别握住宝宝两手腕部。

动作分为如下 8 拍。

①轻拉宝宝两手到胸前，平举。

②继续向头顶方向缓慢运动，直到在头部两侧伸直。

③轻拉宝宝两手成“①”的姿势。

④还原成预备姿势。

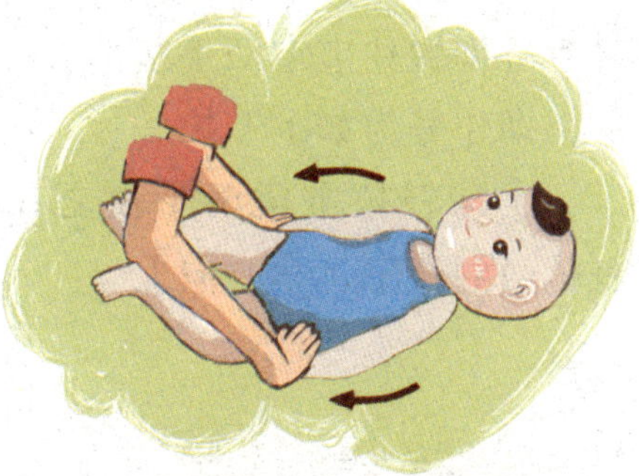

⑤轻拉宝宝两手使之在身体两侧伸平，掌心向上。

⑥继续向头顶方向运动成“②”的姿势。

⑦轻拉宝宝两手成“⑤”的姿势。

⑧还原成预备姿势。

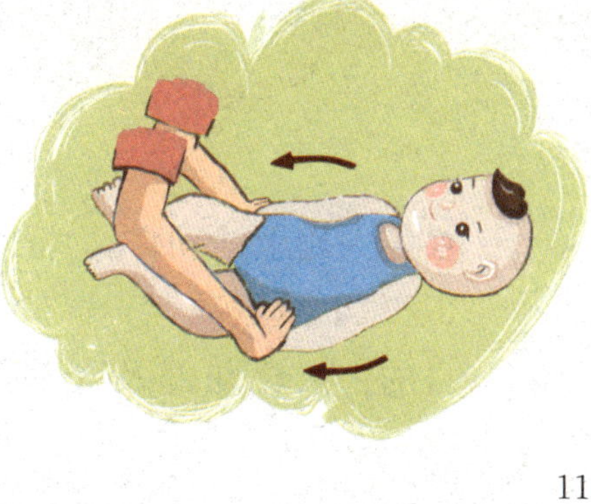

重复一轮上述动作。

3. 手臂交叉运动

预备姿势：宝宝仰卧，两手分置于身体两侧。妈妈伸屈肘部，两手分别握住宝宝两手腕部。

动作分为如下 8 拍。

①②轻拉宝宝两手使之在身体两侧伸平，掌心向上。

③④慢慢牵引宝宝双手，使两手臂在胸前交叉。注意不要让宝宝肩膀耸起离地。

⑤⑥慢慢分开宝宝两手成“①②”的姿势。

⑦⑧还原成预备姿势。

重复一轮上述动作。

（三）下肢运动

目的：强化腿部及腹部肌肉的力量，增强下肢各关节的灵活性。

1. 活动踝关节

预备姿势：宝宝仰卧。妈妈一手握住宝宝踝部，一手握住宝宝足前掌，以活动宝宝踝关节。

动作分为两个 8 拍。

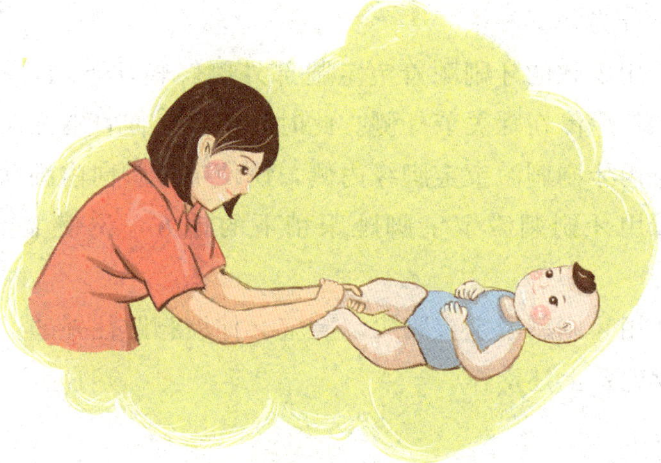

第一个 8 拍动作：

①②③④以踝关节为轴，使宝宝的脚前后摆动。

⑤⑥⑦⑧以踝关节为轴，使宝宝的脚顺时针轻轻划圈。

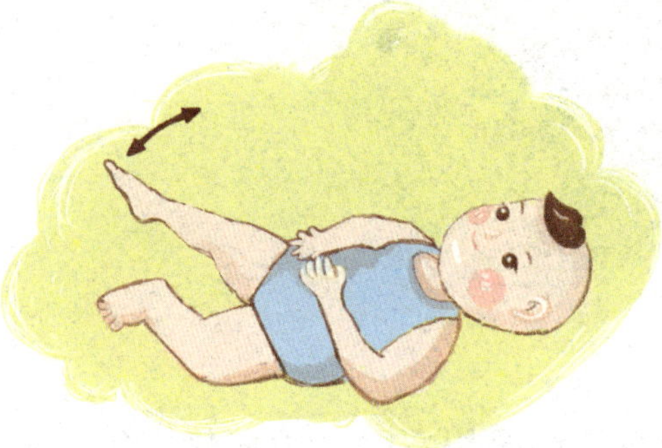

第二个 8 拍动作：

①②③④以踝关节为轴，使宝宝的脚前后摆动。

⑤⑥⑦⑧以踝关节为轴，使宝宝的脚逆时针轻轻划圈。

两脚轮替上述动作。

2. 脚部运动

预备姿势：宝宝仰卧。妈妈一手手掌轻托宝宝一侧小腿，另一手拿牙刷。

动作分为如下 8 拍。

①②用柔软的牙刷顺着宝宝腿部外侧轻轻往下刷，一直刷到脚跟处，然后停在踝关节外侧。此时，宝宝会伸直腿并向外伸展。

③④用牙刷刺激宝宝脚缘内侧，诱使宝宝脚向内翻动。

⑤⑥用牙刷刺激宝宝脚趾跟稍下的地方，诱使宝宝脚往下卷缩。

⑦⑧用牙刷刺激宝宝脚尖，宝宝会伸展脚趾往外翘。

两脚轮替上述动作。

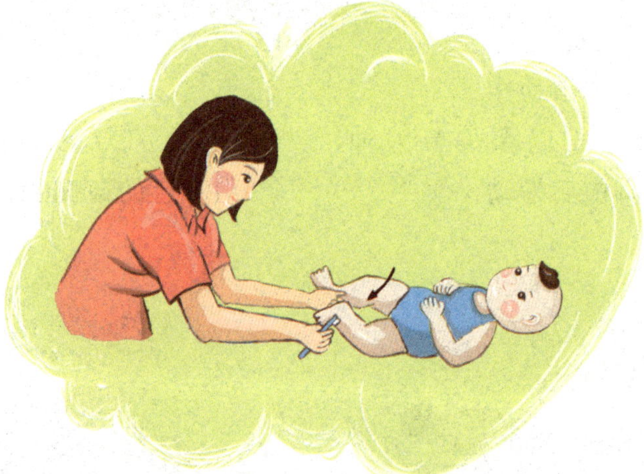

3. 双腿屈伸运动

预备姿势：宝宝仰卧，两腿伸直。妈妈用双手分别握住宝宝的脚跟。

动作分为两个 8 拍。

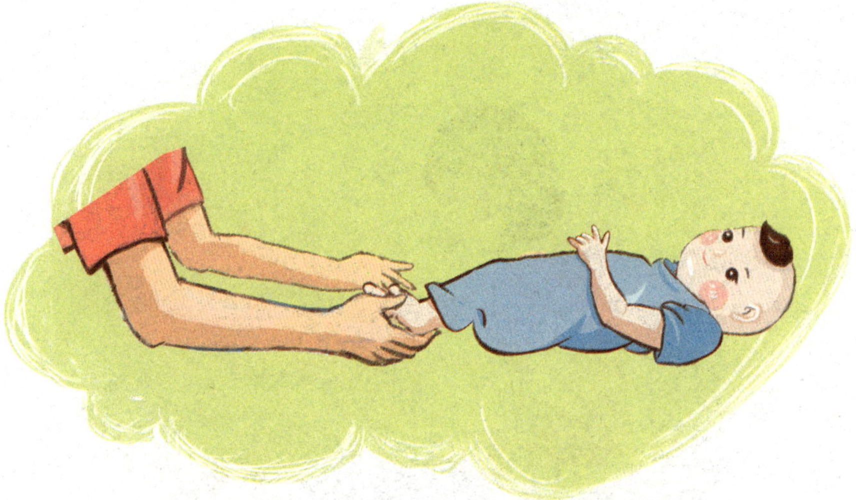

第一个 8 拍动作：

①握住宝宝左脚的手轻轻向前推，使宝宝左腿屈起。

②慢慢还原成预备姿势。

③④换右脚重复上述动作。

⑤握住宝宝左脚的手轻轻用力，使宝宝左腿膝盖弯曲，大腿尽量贴紧腹部。

⑥慢慢还原成预备姿势。

⑦⑧换右脚重复上述动作。

第二个 8 拍动作：

①②③④使宝宝双脚同时稍屈膝、伸膝两次。

⑤⑥⑦⑧使宝宝双脚同时屈膝，大腿尽量贴紧腹部，再伸直，重复一次。

重复上述两组动作。

4. 抬腿运动

预备姿势：宝宝仰卧床上，两腿伸直并拢。妈妈两手握住宝宝小腿，四指分别压住宝宝膝关节，使之不能弯曲。

动作分 8 拍。

①②③④抬起宝宝双腿使之与床面成垂直状态。注意不应该让宝宝膝盖弯曲，臀部不应离床。

⑤⑥⑦⑧同时拉下宝宝双腿，还原成预备姿势。

重复上述动作，做完 4×8 拍。

5. 分腿运动

预备姿势：宝宝仰卧。妈妈两手分握宝宝小腿，平放或稍抬起。

动作分 8 拍。

①②③④将宝宝两腿同时向两侧分开。注意动作应轻柔，分腿幅度不宜太大。

⑤⑥⑦⑧使宝宝两腿同时向中间并拢，还原成预备姿势。

重复上述动作，做完 4×8 拍。

二、7～12 个月宝宝体操

1. 起坐运动

预备姿势：宝宝仰卧。妈妈双手拇指放在宝宝掌心，轻握宝宝双腕。

动作分 4 拍。

①②将宝宝双臂拉向胸前，双手距离与肩同宽。慢慢拉引宝宝向上向前，让宝宝自己使劲坐起来。注意不要过于用力。

③④还原成预备姿势。

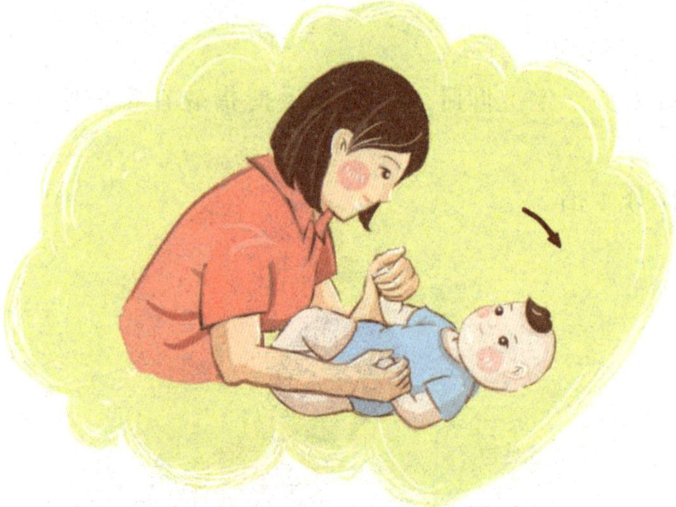

重复一轮上述动作。

2. 起立运动

预备姿势：宝宝俯卧，双肘支撑在胸前。妈妈双手握住宝宝大臂并托住腋窝。

动作分 4 拍。

①向上提拉，让宝宝慢慢从俯卧位变成双膝跪地。

②扶宝宝站起。

③让宝宝双膝再跪地。

④还原至预备姿势。

重复一轮上述动作。

3. 提腿运动

预备姿势：宝宝俯卧，双肘支撑在胸前。妈妈双手握住宝宝的两小腿。

动作分 8 拍。

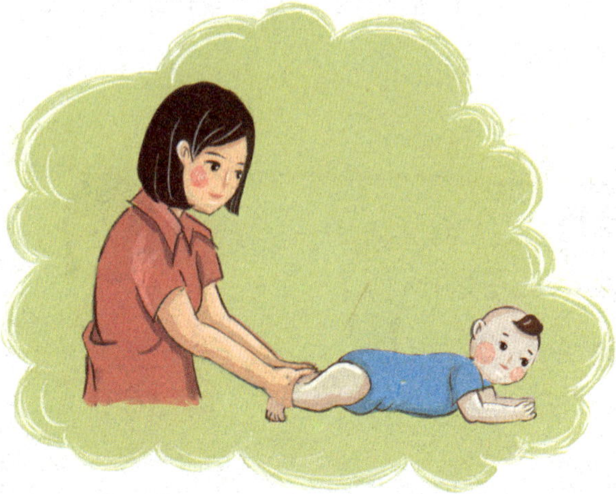

①②③④轻轻向上抬起宝宝双腿。注意只抬高下肢，宝宝胸部不得离开床面。

⑤⑥⑦⑧还原成预备姿势。

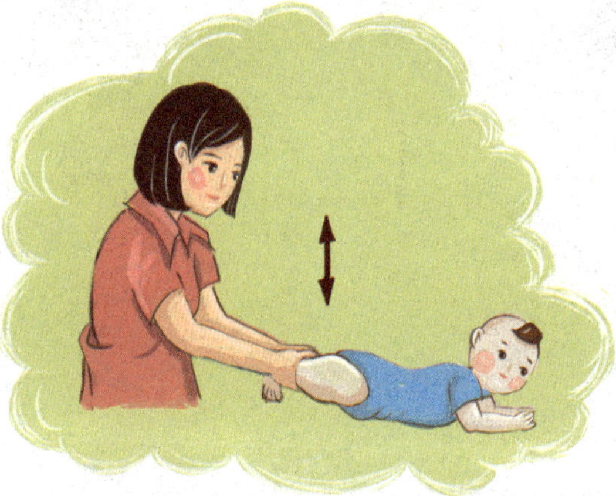

重复上述动作，做完 4×8 拍。

4. 弯腰运动

预备姿势：让宝宝背向站立。妈妈一手扶住宝宝双膝，另一手扶住宝宝腹部。在宝宝前方放一玩具。

动作分 4 拍。

①②让宝宝弯腰前倾，捡起玩具。

③④慢慢还原成预备姿势。

重复一轮上述动作。

5. 托腰运动

预备姿势：宝宝仰卧。妈妈一手托住宝宝腰部，另一手按住其踝部。

动作分 8 拍。

①②③④托起宝宝腰部，使其腹部挺起成桥形。注意不应让宝宝的头和脚离开床面。

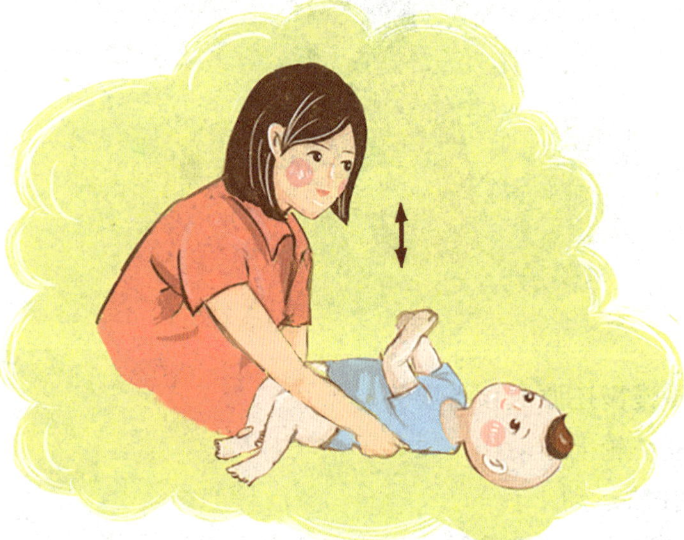

⑤⑥⑦⑧放下宝宝腰部，还原成预备姿势。

重复上述动作，做完4×8拍。

6. 转体翻身运动

预备姿势：宝宝仰卧。妈妈一手握住宝宝双手，另一手扶住宝宝背部。

动作分 4 拍。

①帮助宝宝向左翻身，再转体，到俯卧位。

②还原至预备姿势。

③帮助宝宝向右边做翻身、转体运动。

④还原至预备姿势。

重复一轮上述动作。

7. 跳跃运动

预备姿势：宝宝面对妈妈站立。妈妈用双手扶住宝宝腋下。

动作分 8 拍。

①②③④稍用力将宝宝托起离开床面，让宝宝足尖着地，轻轻在床上做跳跃动作。

⑤⑥⑦⑧还原成预备姿势。

重复上述动作，做完 4×8 拍。

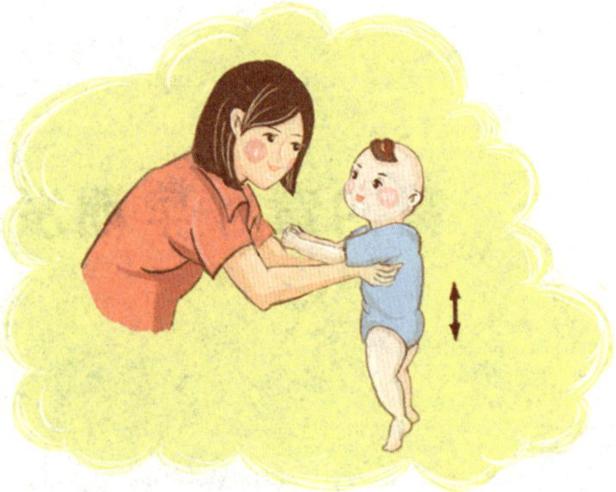

8. 扶走运动

预备姿势：宝宝站立。妈妈在宝宝背后或前面，扶住宝宝腋下或前臂。

动作分 8 拍。

①②③④扶着宝宝，让宝宝向前迈步走四步，一步一个节拍。

⑤⑥⑦⑧扶着宝宝，让宝宝向后退步走，退四步，一步一个节拍。

第四章　早期发展评估及预防接种

当爸爸妈妈打量着怀里可爱的宝宝时，是不是心里面也想知道自己的宝宝发展得好不好？下一步该关注宝宝的哪些发育状况呢？

第一节　体格生长、营养需求与睡眠规律

宝宝的生长就像爬一座小山坡，每一周每一月，他们越长越大，从躺着、抬头、坐着、站着，直至走着、跑着去探索世界，遇见不一样的风景。

一、体格生长规律

1. 体重增长

宝宝出生时平均体重为3.2～3.3kg，出生后会出现生理性体重下降，3～4天时达到体重最低点，7～10天左右恢复正常。

满月时一般增重0.5～1.5kg，平均增重0.9kg，出生后3个月体重约为出生体重的2倍，1岁时体重约为出生体重的3倍。

1～2岁全年体重增长2.0～2.5kg。

2～3岁全年体重增长约2.0kg。

2. 身长增长

宝宝出生时身长约 50cm。出生后前 3 个月每月平均增长 3.5cm，3～6个月每月平均增长 2.0cm，6～12 个月每月平均增长 1.0～1.5cm。

出生至 1 岁时共增长 25cm。

1～2 岁全年身长增长 10～12cm，以后每年递增 5～8cm 不等。

3. 体重、身长、头围数值表

通过以下两表查阅不同月龄宝宝的体重、身长、头围的数值范围，父母可以初步判断宝宝的体格生长是否偏离正常。

0～3 岁男童体重、身长、头围数值表

年龄（月）	体重（kg）			身长（cm）			头围（cm）
	下限	平均	上限	下限	平均	上限	
0	2.58	3.32	4.18	46.9	50.4	54.0	34.5
1	3.52	4.51	5.67	50.7	54.8	59.0	36.9
3	5.29	6.70	8.40	57.5	62.0	66.6	40.5
6	6.70	8.41	10.50	63.7	68.4	73.3	43.6
8	7.23	9.05	11.29	66.3	71.2	76.3	44.8
12	8.06	10.05	12.54	71.2	76.5	82.1	46.4
18	9.07	11.29	14.09	76.6	82.7	89.1	47.6
24	10.09	12.54	15.67	81.6	88.5	95.8	48.4
30	10.97	13.64	17.06	85.9	93.3	101.0	49.1
36	11.79	14.65	18.37	90.0	97.5	105.3	49.6

0～3 岁女童体重、身长、头围数值表

年龄（月）	体重（kg）			身长（cm）			头围（cm）
	下限	平均	上限	下限	平均	上限	
0	2.54	3.21	4.10	46.4	49.7	53.2	34.0
1	3.33	4.20	5.35	49.8	53.7	57.8	36.2
3	4.90	6.13	7.73	56.3	60.6	65.1	39.5
6	6.26	7.77	9.73	62.3	66.8	71.5	42.4
8	6.79	8.41	10.51	64.8	69.6	74.7	43.6
12	7.61	9.40	11.73	69.7	75.0	80.5	45.1
18	8.63	10.65	13.29	75.6	81.5	87.7	46.4
24	9.64	11.92	14.92	80.5	87.2	94.3	47.3
30	10.52	13.05	16.39	84.8	92.1	99.8	48.0
36	11.36	14.13	17.81	89.9	96.3	104.1	48.5

温馨提示

- 身长的测量方法：宝宝脱鞋袜、帽，仰卧于量床（或硬床）中线，目光向上，头顶接触测量头板，双膝伸直，足跟部紧贴测量底板，两板之间的距离即为身长。
- 体重的测量方法：1 岁以下的宝宝可以躺着称，1 岁以上的宝宝可以坐着称。称量前，宝宝应排空大小便。应裸体或仅穿内衣称量；若穿衣服，称量后要减去所穿衣服的重量。

头围的测量方法：将软尺紧贴头皮，用左手拇指将软尺零点固定于宝宝头部右侧眉弓上缘处，软尺经枕骨粗隆及左侧眉弓上缘绕头一周，周长即为宝宝的头围。头围的增长与脑的发育密切相关，婴儿期是脑发育最快的一年。

头围的测量

让我们在后面的图表中标记下宝宝的成长记录。这里描记宝宝的每一个里程碑，将是你给成长的宝宝最美的礼物。

中国 0～3 岁男童身长、体重百分位曲线图

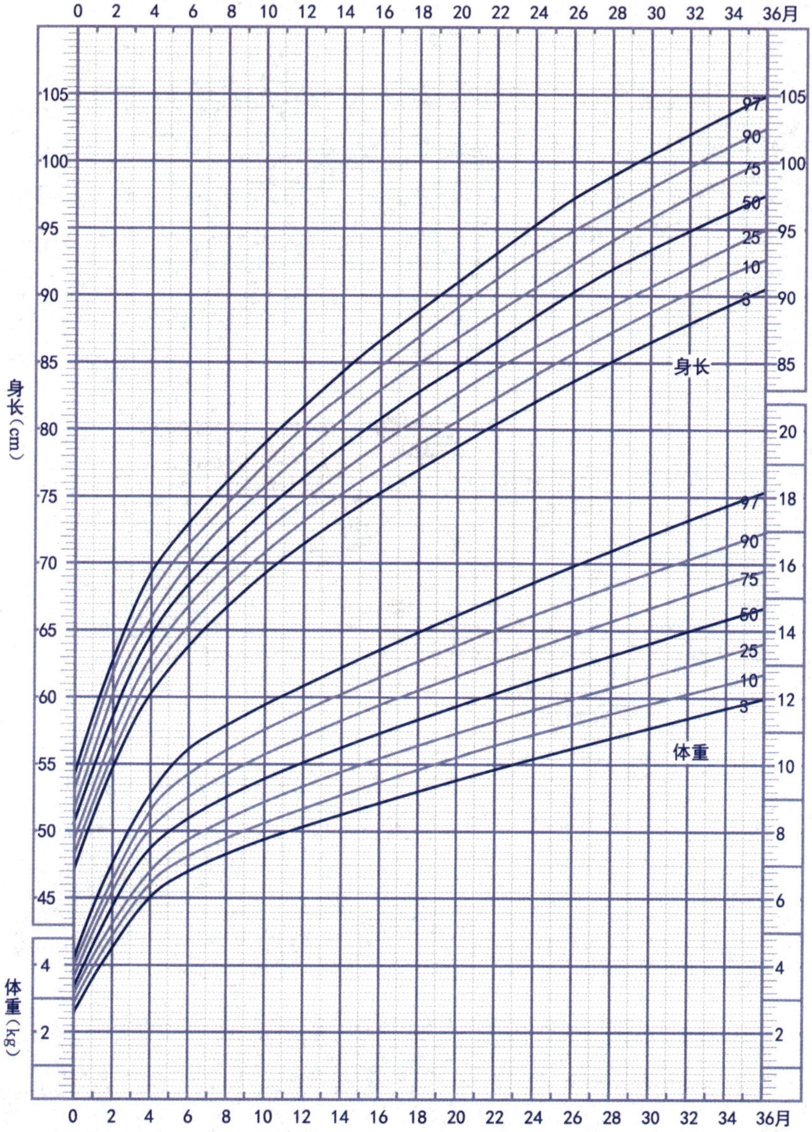

注：根据 2005 年九省/市儿童体格发育调查数据研究制定

参考文献：中华儿科杂志，2009 年 3 月

首都儿科研究所生长发育研究室制作

中国 0～3 岁女童身长、体重百分位曲线图

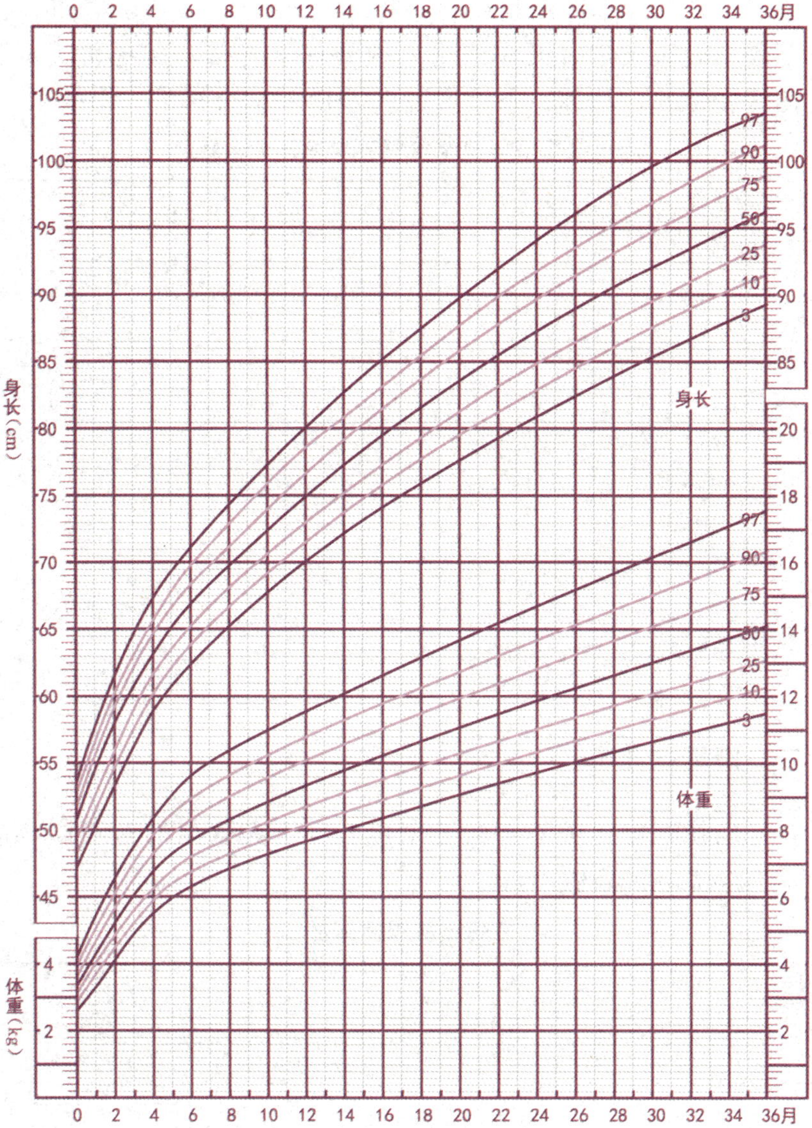

注：根据 2005 年九省/市儿童体格发育调查数据研究制定

参考文献：中华儿科杂志，2009 年 3 月

首都儿科研究所生长发育研究室制作

二、膳食营养素推荐摄入量

下表是健康宝宝每天应该摄入的营养素含量，父母可以根据宝宝的饮食情况，估算一下宝宝的营养摄入是否充足、均衡。

0～3 岁宝宝每日膳食营养素推荐摄入量

需要的营养素	0～6 个月	7～12 个月	1～3 岁
钙（mg）	200	250	600
铁（mg）	0.3	10	9
锌（mg）	2.0	3.5	4.0
Vit A（μg）	300（1000 IU）	350（1166 IU）	310（1033 IU）
Vit D（μg）	10（400 IU）	10（400 IU）	10（400 IU）
Vit C（mg）	40	40	40
Vit B_1（mg）	0.1	0.3	0.6
Vit B_2（mg）	0.4	0.5	0.6
Vit B_6（μg）	0.2	0.4	0.6
Vit B_{12}（μg）	0.3	0.6	1.0
烟酸（mg）	2	3	6
叶酸（μg）	65	100	160

三、睡眠需要量

良好的睡眠可促进宝宝的健康成长。下表列出的是不同年龄段宝宝通常需要的睡眠时间。

宝宝每日睡眠需要量

	0～3 个月	4～6 个月	7～12 个月	1 岁以后
睡眠时间	13～18 小时	12～16 小时	12～16 小时	11～14 小时
日间小睡	4～5 次	3～4 次	2～3 次	1～2 次
昼夜节律	昼夜不分	晚上睡眠时间约占总睡眠时间的 2/3	60%晚上可连续睡>6 小时，白天可连续清醒 3～4 小时	晚上能够连续睡 10 小时，2 岁后大部分白天只需 1 次午睡
每次睡眠时间	每次小睡时间 2～3 小时	日间小睡每次 1.5～2 小时	日间小睡每次约 2 小时	日间小睡每次 1.5～2 小时

温馨提示

宝宝睡眠时间存在着个体差异。如果你的宝宝身长、体重等生长发育、精神状况和吃奶情况都良好的话，就没有必要过分担心。

第二节　动作、语言发育与生长监测

一、动作发育规律

宝宝动作的发育遵循由上到下、由近到远、由粗到细、由简单到复杂、由低级到高级的规律。例如，宝宝先抬头、后抬胸，再会坐、立、行（从上到下）；从臂到手，从腿到脚地活动（由近到远）；从全掌抓握到手指拾取（由粗到细）；先画直线后画圈、图形（由简单到复杂）；先会看、听、感觉事物，认识事物，发展到有记忆、思维、分析、判断（由低级到高级）。

3 岁前儿童全身动作发育顺序表

动作项目	年龄（月）	动作项目	年龄（月）
稍微抬头	2.1	头转动自如	2.6
抬头及肩	3.7	翻身一半	4.3
扶坐竖直	4.7	手肘支床，胸离床面	4.8
仰卧翻身	5.5	独坐前倾	5.8
扶腋下站	6.1	独坐片刻	6.6
蠕动打转	7.2	扶双手站	7.2
俯卧翻身	7.3	独坐自如	7.3
给助力能爬	8.1	从卧位坐起	9.3

续表

动作项目	年龄（月）	动作项目	年龄（月）
独自能爬	9.4	扶一手站	10.0
扶两手走	10.1	扶物能蹲	11.2
扶一手走	11.3	独站片刻	12.4
独站自如	15.4	独走几步	15.6
自蹲自如	16.5	独走自如	16.9
扶物过障碍棒	19.4	能跑不稳	20.5
双手扶栏上楼	23.0	双手扶栏下楼	23.2
扶双手双脚跳稍微跳起	23.7	扶一手双脚跳稍微跳起	24.2
独自双脚跳稍微跳起	25.4	能跑	25.7
扶双手单足站不稳	25.8	一手扶栏下楼	25.8
独自过障碍棒	26.0	一手扶栏上楼	26.2
扶双手双脚跳好	26.7	扶一手单足站不稳	26.9
扶一手双脚跳好	29.2	扶双手单足站好	29.3
独自双脚跳好	30.5	扶双手单脚跳稍微跳起	30.6
手臂举起有抛掷姿势的抛掷	30.9	扶一手单足站好	32.3
独自单足站不稳	34.1	扶一手单脚跳稍微跳起	34.3

二、言语及语言发育规律

言语及语言发育是以听觉、发音器官和大脑三者功能的成熟为基础，在交往活动过程中通过不断模仿和练习逐渐发展起来的。儿童语言的发生是在语言感知基础上发展起来的，理解先于表达。

0～3岁儿童的言语及语言发育规律

年　龄	阶　段	达标标准
0～8个月	前语言理解期	·简单发音：会发较多的元音，如a/ai/e/ou和少量辅音m/h等 ·连续音节：会发的辅音增加；出现重复的连续音节。宝宝发出ma-ma、pa-pa的声音，这是前言语发音现象
9～12个月	语言理解期	·学话萌芽：会发更多的声音和不同音节的连续发音、变换音调，还能模仿成人和学习新的发音，有时可以对着物品发出正确的读音
13～24个月	口语萌芽期	·开始吐字：可能会说出生平的第一个词，一般都是“爸爸”“妈妈”等。通常女宝宝学说话比男宝宝快一点儿。可能1岁半甚至2岁才会开始说比较多的词汇
25～36个月	主体语法掌握期	·词汇叠加：词汇增加的速度变得很快，可以理解几百个词汇，也可以听懂一些复杂句子的意思，还会将一些会说的词汇加以组合 ·词汇短句：这是人一生中词汇学习最快速的阶段，词汇可能从200个增加到1200个，也可能将词汇组成简单的句子 ·语法学习：可以理解长句和复杂的句子，并能正确反应或回答。说话方式开始发展文法规则，有副词或形容词出现

三、生长发育监测卡

通过填写宝宝生长发育监测卡，爸爸妈妈们可以系统地观察宝宝的体格及神经、心理发育的情况，及时发现有无发育偏离，以便尽早干预。0～3岁的宝宝生长发育很快，宝宝的成长不再重来，因此，爸爸妈妈们请及时在宝宝生长发育监测卡上记录下宝宝的成长足迹。这不仅记录着宝宝的成长过程，更是记载着你们为人父母所付出的努力。

宝宝生长发育监测卡

年龄	身长（cm）	体重（kg）	头围（cm）	运动发育	语言发育
初生				□直立位能竖头3秒	□对声音有反应
1个月				□俯卧抬头片刻	□哭声响亮
3个月				□俯卧抬头90°	□笑出声
6个月				□双手撑住独坐	□听懂自己名字
9个月				□扶着栏杆站	□da-da类似音
12个月				□扶栏杆行走	□说出第一个词
15个月				□独自行走	□发音4～6个字
18个月				□牵一只手上楼	□发音10个字
24个月				□独立上下楼	□会用代词
30个月				□双脚跳	□能说出姓名
36个月				□双脚交替上下楼	□回答简单问题

温馨提示

宝宝出现相应年龄的运动及语言发育特征，可在“□”内打“√”，这是宝宝成长的里程碑。

四、成长关键期

0～3岁是儿童运动、语言、情感、智力发展与性格形成的关键时期。研究表明，在关键期内加以科学引导，为宝宝创造发展需要的环境刺激，可以让宝宝的早期发展取得事半功倍的效果。

0～3宝宝成长关键期及建议的引入环境

年　龄	关键期	建议的引入环境
出生～1个月	口、触觉	母乳喂养、婴儿抚触
0～6个月	事物的初步概念	创造丰富的环境，如跟宝宝说话、唱歌、听音乐，给宝宝适龄玩具等
2～3个月	抬头	俯卧、竖头、转头训练
3～5个月	伸手取物、翻身	抓握、翻身训练
4～6个月	吞咽、咀嚼	逐步添加辅食
6～7个月	坐	坐位训练
7～10个月	爬行	爬行练习
0～1岁	语言理解	教宝宝称呼人、物；纠正唇裂、腭裂等口腔畸形
0～4岁	形象视觉	引导宝宝观察周围的环境、看图识画；纠正弱视、斜视
1～3岁	口语学习	对话、念儿歌，对宝宝的表达给予及时、恰当的应答
1～3岁	推理能力	讲故事、学分类、角色扮演游戏
2～4岁	独立性、秩序、规则	在日常生活中培养宝宝的自理能力、行为习惯和安全意识

五、行为发育障碍的预警征象

宝宝成长的轨迹大体一致，个别可能有少许的偏移。以下这张表格可以帮助爸爸妈妈们进行初步的筛查。

宝宝行为发育障碍的预警征象

年龄	预　警　征　象	
3个月	对很大的声音没有反应	☐
	逗引时不发音或不会笑	☐
	不注视人脸，不追视移动的人或物品	☐
	俯卧时不会抬头	☐
6个月	发音少，不会笑出声	☐
	不会伸手及抓物	☐
	紧握拳不松开	☐
	不能扶坐	☐

续表

年龄	预警征象
8个月	听到声音无应答 □ 不会区分生人和熟人 □ 双手间不会传递玩具 □ 不会独坐 □
12个月	呼唤名字无反应 □ 不会模仿“再见”或“欢迎”动作 □ 不会用拇指和食指捏起小物品 □ 不会扶物站立 □
18个月	不会有意识地叫“爸爸”或“妈妈” □ 不会按要求指人或物 □ 与人无目光对视 □ 不会独走 □
24个月	不会说3个物品的名称 □ 不会按要求做简单的事情 □ 不会用勺吃饭 □ 不会扶栏上楼梯或台阶 □
30个月	不会说2～3个字的短语 □ 兴趣单一、刻板 □ 不会示意大小便 □ 不会跑 □
36个月	不会说自己的名字 □ 不会玩“拿棍当马骑”等假想游戏 □ 不会模仿画圆 □ 不会双脚跳 □

温馨提示

- 检查有无相应年龄段的预警征象，发现有相应情况在“□”内打“√”，没有则打“×”。
- 在相应年龄段出现任何一个“√”，均提示有发育异常的可能，需要咨询医生。

第三节　家庭环境自评

鱼儿离不开水。如果将宝宝比作一条鱼，那家庭就是宝宝成长离不开的水。家庭中的各个因素关系到宝宝的身心健康与发展。以下问卷有助于评估你的家庭养育是否有利于宝宝的发展。

一、0～1岁宝宝家庭养育环境评估

下面是关于0～1岁宝宝的家庭养育环境的问卷，请根据近期6个月自己家庭对宝宝的养育情况如实回答。每题后面有“从不”“很少”“有时”“经常”“总是”共五级备选答案，请选择符合你养育宝宝实际情况的等级选项，每题只选一个答案。

0～1岁宝宝家庭养育环境问卷（城市版）

序号	项　　目	从不	很少	有时	经常	总是
1	宝宝活动的房间保持清洁、整齐	1	2	3	4	5
2	让宝宝参加早期潜能开发活动	1	2	3	4	5
3	终日在外忙碌，很少有时间见到宝宝	5	4	3	2	1
4	关注宝宝维生素、微量元素的营养状况	1	2	3	4	5
5	宝宝由亲生父母亲自看护	1	2	3	4	5
6	把宝宝捆扎得很紧，宝宝四肢难以活动	5	4	3	2	1
7	宝宝的房间光线明亮，布置得丰富多彩	1	2	3	4	5
8	带宝宝离家到户外活动	1	2	3	4	5
9	引导宝宝翻身、爬行，探索周围环境	1	2	3	4	5
10	拥有适合宝宝阅读的图片、图画书	1	2	3	4	5
11	有意识地训练宝宝发音	1	2	3	4	5
12	看护者了解各种玩具的玩法及功用	1	2	3	4	5
13	不太喜欢宝宝，不愿和宝宝在一起	5	4	3	2	1
14	给宝宝做被动体操	1	2	3	4	5
15	为了家庭或宝宝的事情争吵、闹别扭	5	4	3	2	1

续表

序号	项目	从不	很少	有时	经常	总是
16	有意识地让宝宝接触、认识各种物品	1	2	3	4	5
17	有意识地播放或哼唱音乐给宝宝听	1	2	3	4	5
18	对宝宝的需求能够做出及时的回应	1	2	3	4	5
19	亲吻、拥抱、爱抚宝宝	1	2	3	4	5
20	与宝宝有肢体、目光的接触或交流	1	2	3	4	5
21	对导致宝宝精神状态不佳的原因十分清楚	1	2	3	4	5
22	与宝宝一起玩玩具	1	2	3	4	5
23	当宝宝出现与平常不一样的表现时很着急	1	2	3	4	5
24	有意识地和宝宝说话	1	2	3	4	5
25	训练宝宝手的操控（使用）能力	1	2	3	4	5
26	总担心宝宝出事，把宝宝限制得很死	5	4	3	2	1
27	家里拥有适合宝宝年龄的玩具	1	2	3	4	5
28	感到带宝宝很累、很烦	5	4	3	2	1
29	注意学习、了解婴幼儿发育和保健知识	1	2	3	4	5
30	凭自己心情对宝宝忽冷忽热	5	4	3	2	1
31	给宝宝及时、合理地添加各种辅食	1	2	3	4	5
32	给宝宝提供与其他儿童一起玩耍、游戏的机会	1	2	3	4	5

温馨提示

问卷由亲自带养宝宝的家长完成，根据近期自己家庭对宝宝的养育情况回答。结果评价：表格内的数字为分值，最低1分，最高5分。大于3分为良好，小于3分为较差，3分为一般，得分越高越好。

✻爸爸妈妈可以从宝宝出生后，每个阶段进行一次评估，并将结果记录在下面的空格中。

✻评估时间：______年____月____日　　得分______分
填表人：__________　　评价结果：__________

✻评估时间：______年____月____日　　得分______分
填表人：__________　　评价结果：__________

✻评估时间：______年____月____日　　得分______分
填表人：__________　　评价结果：__________

✻评估时间：______年____月____日　　得分______分
填表人：__________　　评价结果：__________

✻评估时间：______年____月____日　　得分______分
填表人：__________　　评价结果：__________

✻评估时间：______年____月____日　　得分______分
填表人：__________　　评价结果：__________

二、1～3 岁宝宝家庭养育环境评估

下面是关于 1～3 岁宝宝的家庭养育环境的问卷，请根据近期 6 个月自己家庭对宝宝的养育情况如实回答。每题后面有“从不”“很少”“有时”“经常”“总是”共五级备选答案，请选择符合你养育宝宝实际情况的等级选项，每题只选一个答案。

1~3岁宝宝家庭养育环境问卷（城市版）

序号	项　　目	从不	很少	有时	经常	总是
1	对家庭生活感到满意	1	2	3	4	5
2	感到带宝宝很烦、很累	5	4	3	2	1
3	带宝宝到商店、公园，参观各种展览	1	2	3	4	5
4	家庭气氛融洽	1	2	3	4	5
5	有多个可供宝宝活动的房间	1	2	3	4	5
6	与宝宝一起阅读	1	2	3	4	5
7	宝宝活动的房间光线明亮，布置得丰富多彩	1	2	3	4	5
8	带宝宝离家到户外活动	1	2	3	4	5
9	参加专业机构开展的儿童早期潜能开发活动	1	2	3	4	5
10	拥有足够的适合宝宝阅读的图书	1	2	3	4	5
11	鼓励宝宝做简单家务	1	2	3	4	5
12	有意识地训练宝宝的语言和发音	1	2	3	4	5
13	有意识地鼓励宝宝用笔涂画	1	2	3	4	5
14	给宝宝讲故事、朗读诗歌	1	2	3	4	5
15	引导宝宝进行手工活动或操作练习	1	2	3	4	5
16	用恐怖的意象或故事（如大灰狼）吓唬宝宝的自主行为	5	4	3	2	1
17	及时、耐心解答宝宝的发问	1	2	3	4	5
18	给宝宝提供机会与其他儿童一起玩耍、游戏	1	2	3	4	5
19	有意识地按照公共准则引导和规范宝宝的行为	1	2	3	4	5

续表

序号	项　　目	从不	很少	有时	经常	总是
20	有意识地引导宝宝认知形状、大小、颜色、数字等	1	2	3	4	5
21	鼓励宝宝用语言表达自己的要求	1	2	3	4	5
22	和宝宝一起听音乐	1	2	3	4	5
23	感到宝宝可爱，喜欢和宝宝在一起	1	2	3	4	5
24	亲吻、拥抱、爱抚宝宝	1	2	3	4	5
25	总担心出事，把宝宝限制得很死	5	4	3	2	1
26	对宝宝精神状态不佳的原因十分清楚	1	2	3	4	5
27	让宝宝自己尝试穿衣、做事	1	2	3	4	5
28	有意识训练宝宝定时定点排便的习惯	1	2	3	4	5
29	惩罚（叱骂、打屁股、罚站等）宝宝	5	4	3	2	1
30	让宝宝和父母一起自主吃饭	1	2	3	4	5
31	有意识地引导宝宝认知事物、发展词汇	1	2	3	4	5
32	鼓励宝宝做力所能及的事情	1	2	3	4	5
33	与宝宝经常有肢体、目光、言语的接触或交流	1	2	3	4	5
34	了解各种玩具的玩法及其作用	1	2	3	4	5
35	不喜欢宝宝，不愿和宝宝在一起	5	4	3	2	1
36	对儿童早期潜能开发十分重视	1	2	3	4	5
37	拥有足够的适合宝宝年龄的玩具	1	2	3	4	5
38	凭自己的心情对宝宝忽冷忽热	5	4	3	2	1
39	宝宝活动的房间保持整齐、清洁	1	2	3	4	5
40	为家庭或宝宝的事情而争吵、闹别扭	5	4	3	2	1
41	对宝宝的需求能够做出及时的回应	1	2	3	4	5

温馨提示

- 问卷由亲自带养宝宝的家长完成，根据近期自己家庭对宝宝的养育情况回答。结果评价：表格内的数字为分值，最低1分，最高5分。大于3分为良好，小于3分为较差，3分为一般，得分越高越好。
- 爸爸妈妈可以每个阶段进行一次评估，并将结果记录在下面的空格中。
- 评估时间：______年____月____日　得分______分
  填 表 人：________　评价结果：________
- 评估时间：______年____月____日　得分______分
  填 表 人：________　评价结果：________
- 评估时间：______年____月____日　得分______分
  填 表 人：________　评价结果：________
- 评估时间：______年____月____日　得分______分
  填 表 人：________　评价结果：________
- 评估时间：______年____月____日　得分______分
  填 表 人：________　评价结果：________
- 评估时间：______年____月____日　得分______分
  填 表 人：________　评价结果：________

第四节　入园能力评估

集体教育能够培养宝宝良好的社会适应能力，提高语言能力和思维能力。3岁左右的宝宝就要上幼儿园了，那入园需要准备些什么？你的宝宝准备好了吗？爸爸妈妈们可参照下表做简单的评估。

宝宝入园能力评估表

一、基本的生活能力			
吃饭	□自己吃	□部分喂	□都要喂
大小便	□会表示	□偶尔表示	□仍需包尿布
上厕所	□独立完成	□需大人帮忙	□不会
洗手、洗脸	□独立完成	□需大人帮忙	□不会
穿脱衣服	□独立完成	□需大人帮忙	□不会
睡眠	□独立睡眠	□有时需家长陪同	□需哄睡、陪睡
二、语言能力			
表达自己的需要		□会	□不会
讲述简单的事情		□会	□不会
回答简单的问题		□会	□不会
说话基本都能被听懂		□是	□否

三、情绪方面			
控制自己的情绪	□会	□不会	
爱哭闹、撒泼	□经常	□有时	□几乎没有
上过幼儿园开办的亲子班（早接触、熟悉的环境可以减轻宝宝的焦虑情绪）	□是	□否	

温馨提示

入园的宝宝在上述指标中应达到会或部分会的程度。部分宝宝因家长保护过度，不能达标，应在上幼儿园之前尽早培养。

第五节　预防接种时间表及注意事项

预防接种是把疫苗接种在身体内，使人在不发病的情况下产生抗体，获得对疾病的特异性免疫。例如，接种乙型肝炎疫苗可以预防乙肝、接种麻疹风疹联合疫苗可以预防麻疹风疹等。计划内疫苗（一类疫苗）是国家规定纳入计划免疫的疫苗，属于免费疫苗，宝宝出生后必须进行接种。计划外疫苗（二类疫苗）是自费疫苗，可以根据宝宝自身情况、各地区不同状况及家庭经济状况而选择是否接种。二类疫苗应在不影响一类疫苗接种的情况下进行选择接种。

温馨提示

- 接种前：1. 仔细观察宝宝的身体状况。接种前要先测体温，若宝宝是早产儿或者患发热等急性疾病，要推迟疫苗接种时间。2. 为避免注射部位感染，接种后的数小时内注射部位不能沾水，所以最好事先给宝宝洗个澡，然后换上柔软宽大的内衣，这样方便挽袖子打针，也不会摩擦针眼处皮肤。3. 接种前应保证休息，避免空腹接种疫苗。4. 减毒活疫苗接种，之间应间隔四周。
- 接种后：1. 接种疫苗后，宝宝应在接种单位门诊观察半小时后再回家。2. 如果宝宝回家出现突发高热、突发性意识不清、恶心呕吐或抽搐，需要马上看急诊，告诉医生宝宝什么时候接种的疫苗。这些反应很多与疫苗接种无关，但提示宝宝可能有潜在的基础疾病。
- 体质虚弱或患哮喘、糖尿病、慢性肾炎、先天性心脏病、癫痫等慢性疾病的宝宝，更需要在医师指导下接种疫苗。宝宝免疫力弱，易患严重感染性疾病，接种疫苗可以帮助宝宝提高免疫力，预防感染。

0～3 岁宝宝预防接种时间表

疫苗种类	接种年龄(月龄)													
名称	出生时	1 个月	2 个月	3 个月	4 个月	5 个月	6 个月	8 个月	9 个月	12 个月	15 个月	18 个月	24 个月	36 个月
卡介苗	第 1 剂													
乙肝疫苗	第 1 剂	第 2 剂					第 3 剂							
脊灰灭活疫苗			第 1 剂											
脊灰减毒活疫苗				第 1 剂	第 2 剂									
轮状病毒疫苗	每年口服 1 剂次													
无细胞百白破疫苗				第 1 剂	第 2 剂	第 3 剂						第 4 剂		
B 型流感嗜血杆菌疫苗			第 1 剂		第 2 剂		第 3 剂			第 4 剂				
肺炎链球菌疫苗(PCV13)			第 1 剂		第 2 剂		第 3 剂			第 4 剂				
流感疫苗	每年接种 2 次，间隔 1 个月													
麻风疫苗								第 1 剂						
麻腮风疫苗												第 1 剂		
乙脑减毒活疫苗或乙脑灭活疫苗								第 1 剂					第 2 剂	
								第 1、2 剂					第 3 剂	
A 群流脑多糖疫苗							第 1 剂		第 2 剂					
A 群 C 群流脑多糖疫苗														第 1 剂
水痘疫苗										第 1 剂				
甲肝减毒活疫苗或甲肝灭活疫苗												第 1 剂		
												第 1 剂	第 2 剂	

注：蓝底标注的为二类疫苗。

第五章　做促进儿童早期发展的好父母

一、树立正确理念

儿童早期发展是指从孕期到出生后三年，对儿童卫生、营养、教育、环境、保护等方面开展科学的综合干预，发挥儿童潜能，使儿童的体格、心理、认知、情感和社会性健康发展。它对儿童一生发展有重要的影响。家庭是人生第一所学校，家长是第一任老师。家长要学习科学育儿知识，树立正确理念，掌握科学方法，创造适宜环境，做促进儿童早期发展的好家长。

二、掌握科学方法

促进儿童早期发展，家长要掌握的三个要点是：儿童早期发展很重要，它是指孕期到出生后三年；发展内容包括体格、心理、认知、情感、社会性；发展方法是对儿童卫生保健、营养、教育、环境等方面开展科学的综合性干预，做到科学发展、顺应发展、综合发展。

（一）做好儿童卫生保健。家长应定期安排孩子进行体检、监测孩子的生长发育情况，对发育偏离正常目标的现象要及时就诊治疗。家长要学习儿童生长发育规律和养育照料方法，了解常见病防治及应对措施，按时预防接种。

（二）营养喂养。0～3 岁是儿童生长发育快速期，要有充足、均衡、合理的营养供给。要重视母乳喂养，及时添加辅食，养成孩子良好的进食习惯。

（三）教育。家长要根据儿童生长发育规律和不同年龄特点，通过有计划、有目的的科学综合干预，使孩子获得发展需要的环境刺激、适宜信息和学习体验，促进孩子潜能开发和身心健康成长。

（四）环境。环境是儿童生活、学习和游戏的场所，也是重要教育资源。家长要创造有准备的适宜环境，满足孩子发展的需要。

（五）安全保护。家长对孩子的安全保护要贯穿在儿童早期发展的全过程。

三、学习基本知识

家长重点学习五大领域发展基本知识和科学育儿实操技能。

（一）动作发展。包括大动作和精细动作。大动作有坐、爬、站、走、跳等，其中独立行走是重要里程碑；精细动作主要是五指分化和手眼协调。家长要提供活动空间和操作材料，促进孩子的动作发展。

（二）认知发展。认知包括感知觉、学习和思维等。家长要充分利用生活起居物品让孩子在听、看、闻、触过程中接受感官刺激，促进感知觉发展；逐步发展孩子的思维能力，包括直觉动作思维能力、具体形象思维能力和抽象思维能力；要鼓励、培养孩子的好奇心、求知欲和探索精神。

（三）语言发展。语言是人际交往和社会活动的主要工具，也是智力发展的重要标志。家长要按照语言发展的“感音－理解－表达”不同阶段，提供丰富的“语境”，主动和孩子对话，强化指认物品与语言的联系，和孩子一起读绘本、念儿歌、讲故事，提高孩子的语言表达能力。

（四）情感与社会性。孩子在婴儿期和母亲建立安全依恋关系，对认知发展和社会适应有重要意义。家长要帮助孩子学习控制和调节自己的情绪，避免负面情绪影响，形成积极、稳定的情感情绪。儿童的社会性发展表现为自我意识、玩伴关系和社会智力等，对成年后的社会能力有重要影响。

（五）实操技能。按摩、抚触、三浴（日光浴、空气浴、水浴）、亲子游戏、婴幼儿体操等。

四、培养良好行为习惯

习惯是指人们积久养成的思考和行为方式。

一个人幼年养成的良好的生活、卫生、学习、劳动和道德习惯，将使其受益终身。一个人的好习惯要从小养成，从日常生活做起。家长要引导孩子学习生活自理能力；要正面教育，多鼓励肯定。家长要以身作则，做出表率。

五、善于亲子沟通

亲子沟通是建立良好亲子关系的基础。如果家长和孩子沟通不畅，容易造成日后代沟或心理障碍。

了解孩子是沟通的重要前提。家长要读懂孩子，多从孩子角度考虑，理解孩子内心的想法与感受。家长要学会沟通技巧，耐心倾听，让孩子把话说完；要善待孩子，拉近距离、态度亲切、充满爱心；要满腔热情地及时回应孩子的需求。

六、提供游戏和玩具

游戏是儿童的天性，也是儿童最好的学习形式和途径。儿童是以动作和游戏方式来探索和体验周围世界的。家庭亲子游戏内容要适应不同年龄儿童的需要。家长要注意在生活中挖掘游戏资源，选择游戏道具。

玩具以其生动的造型和外观、奇妙的功能吸引孩子的注意。家长要根据孩子的不同年龄选择玩具，不是越多越好、越贵越好、越高级越好，要以适用为原则，“没有最好，只有适合的”；要倡导一物多玩和安全、卫生。

孩子长时间看电视或其他电子产品，会影响视力发育，也容易造成被动接受的思维习惯，疏于动脑。电视或电子产品中的有些内容并不适合儿童，因此家长要注意帮助孩子选择电视或电子产品的内容并控制好观看时间，但 2 岁以下孩子不建议过早地暴露在电子屏幕下。

七、创设适宜环境

创设适宜的环境，包括物质环境和精神环境，是促进儿童早期发展的重要条件。家长要为孩子创设卫生、环保、安全的整洁居室和活动空间，要重视孩子的精神环境和心理健康，提供“心理营养”，关爱、接纳、尊重、宽容、鼓励孩子，满足孩子情感的需要和交往的需要，让孩子在温馨环境中快乐成长，形成良好的心理品质和人格。

不论是物质环境还是精神环境，对孩子来说最重要的莫过于父母、家庭的和睦与温馨。在孩子的心目中，父母就是孩子的整个世界。父母要做好榜样，要营造充满亲情的温馨好家庭，传承好家教、好家风。母爱非常重要，将影响孩子一生；父爱不可或缺，它带给孩子勇气、力量和信心，使孩子人格更健全。家长要挤出时间陪伴孩子，有质量的陪伴是父母送给孩子最好的礼物。

八、促进家园互动

婴幼儿主要是在家庭中养育成长。家长要不断提高科学育儿能力。有的孩子会进入早教机构学习，但毕竟时间有限。家长应注重家园共育，把早教机构优质教育资源往家庭延伸。每个家庭都有自家育儿经验，家长之间可以互相交流，取长补短，共同提高。

九、融洽隔代抚养

近年来，随着外出务工的增多和两孩政策全面实施，隔代抚养日益增多。隔代抚养也遇到一些问题，如有的爷爷奶奶（外公外婆）育儿观念比较陈旧，宠爱有加，失之于宽；有的爷爷奶奶（外公外婆）力不从心。年轻父母要明确养儿育女的主要责任是自己，要做好安排，最好自己带养孩子；要尊重长辈，心怀感恩；遇到意见分歧，要多商量、多沟通，教育孩子口径要一致。当然，长辈也要多学习现代科学育儿知识，明白养儿育女主要是父母责任，自己要实事求是、量力而行，协助抚养。

隔代抚养的留守儿童，尤其需要心理关怀和慰藉。年轻的家长要加强对其长辈的育儿指导和帮助。

十、重视安全保护

儿童发展必须以安全发展为前提，安全保护要贯穿在儿童发展的全过程。家长要为儿童成长创造安全环境，消除隐患；要树立“安全第一，防范为主”的思想，注重儿童食品、用品和防病安全，防止意外事故发生，确保儿童健康成长。

参考文献

CANKAO WENXIAN

[1]〔美〕斯蒂文·谢尔弗．美国儿科学会育儿百科［M］．陈铭宇，周莉，池丽叶，等译．6版．北京：北京科学技术出版社，2016.

[2]《0～3岁婴幼儿早期教育家长指导手册》编写组．0～3岁婴幼儿早期教育家长指导手册［M］．福州：福建人民出版社，2010.

[3]中国营养学会．中国居民膳食营养素参考摄入量（2013版）［M］．北京：科学出版社，2014.

[4]鲍秀兰，等．0～3岁儿童最佳的人生开端——中国宝宝早期教育和潜能开发指南（高危儿卷）［M］．北京：中国妇女出版社，2014.

[5]陈达光，陈燕惠，张镜源，等．健康婴幼儿早期教育的效果及影响因素［J］．中国心理卫生杂志，2004，18（12）：827－829.

[6]陈达光，陈燕惠．0～3岁小儿智能开发与教养［M］．福州：福建教育出版社，1997.

[7]陈达光，张镜源，陈燕惠，等．早期干预对早产儿智能影响的研究［J］．中国心理卫生杂志，2001，15（1）：55－57.

[8]陈荣华，赵正言，刘湘云．儿童保健学［M］．5版．南京：江苏凤凰科学技术出版社，2017.

[9]陈珊，陈燕惠，王勇，等．皮肤按摩对婴儿生长发育的影响［J］．中国生育健康杂志，2003，14（1）：11－13.

[10] 陈珊．儿童发育行为障碍的早期识别与干预 [J]. 中国儿童保健杂志，2017，25（10）：1019－1022.

[11] 陈燕惠，陈达光，陈珊，等．促进婴儿智能开发教具的实验研究 [J]. 中国妇幼保健，2000，15（3）：180.

[12] 陈燕惠，陈达光，陈珊，等．婴儿早期教育实验研究 [J]. 中国优生优育，1998，9（2）：72－74.

[13]〔英〕卡罗尔·库珀．图解育儿百科——婴幼儿养育有问必答 [M]. 陈燕惠，陈达光，译．福州：福建科学技术出版社，2002.

[14] 陈燕惠．儿童脑发育与行为干预 [J]. 实用儿科临床杂志，2008，23（12）：897－899.

[15] 陈燕惠．发育早期易被忽视的儿童发育障碍相关疾病 [J]. 中国儿童保健杂志，2017，25（10）：978－980.

[16] 陈燕惠．儿科疾病诊疗与处方手册 [M]. 北京：化学工业出版社，2017.

[17] 国家卫生计生委办公厅．国家卫生计生委办公厅关于印发国家免疫规划疫苗儿童免疫程序及说明（2016 年版）的通知 [EB/OL]. (2016-12-29) [2018-3-5]. http：//www.nhfpc.gov.cn/jkj/s3581/201701/a91fa2f3f9264cc186e1dee4b1f24084.shtml.

[18] 金星明，静进．发育与行为儿科学 [M]. 北京：人民卫生出版社，2014.

[19] 黎海芪．实用儿童保健学 [M]. 北京：人民卫生出版社，2016.

[20] 罗双红，舒敏，温杨，等．中国 0 至 5 岁儿童病因不明急性发热诊断和处理若干问题循证指南（标准版）[J]. 中国循证儿科杂志，2016，11（2）：81－96.

[21] 王丽．儿科临床药理学 [M]. 北京：人民卫生出版社，2015.

[22] 王卫平．儿科学 [M]. 8 版．北京：人民卫生出版社，2013.

[23] 吴希如，林庆．小儿神经系统疾病基础与临床 [M]. 2 版．北京：人民卫生出版社，2009.

[24] 杨玉凤．儿童发育行为心理评定量表 [M]. 北京：人民卫生出版社，2016.

[25] 中华医学会儿科学分会神经学组．热性惊厥诊断治疗与管理专家共识（2017 实用版）[J]. 中华实用儿科临床杂志，2017，32（18）：1379—1382.

[26] Kimberly A，Sarah E，James M. Examining Effects of Poverty，Maternal Depression，and Children's Self-Regulation Abilities on the Development of Language and Cognition in Early Childhood：An Early Head Start Perspective [J]. Early Childhood Education Journal，2017，45（4）：493—498.

[27] Kaspar Burger. New Contributions to Early Childhood Care and Education Research [M] //Early Childhood Care and Education and Equality of Opportunity. Wiesbaden：Springer VS，2013：47—179.

[28] Cory Shulman. Social and Emotional Development in Infant and Early Childhood Mental Health [M] //Research and Practice in Infant and Early Childhood Mental Health，Cham：Springer，2016：23—42.

[29] Brownell C，Svetlova M，Nichols S. To Share or not to Share：When do Toddlers Respond to Another's Needs? [J]. Infancy，2009，14（1）：117—130.

[30] Kochanska G，Koenig J，Barry R，et al. Children's Conscience during Toddler and Preschool Years，Moral Self，and a Competent，Adaptive Developmental Trajectory [J]. Developmental Psychology，2010，46（5）：1320—1332.

[31] Roth-Hanania R，Davidov M，Zahn-Waxler C. Empathy Development from 8 to 16 Months：Early Signs of Concern for Others [J].

Infant Behavior and Development，2011，34（3）：447－458.

［32］Bert van Oers. Long-Standing and Innovative Programs in Early Childhood Education：An Introduction［M］// Marilyn Fleer，Bert van Oers. International Handbook of Early Childhood Education. Dordrecht：Springer，2018：969－993.

图书在版编目(CIP)数据

0～3 岁儿童早期发展指导：育儿宝典 / 福建省计划生育协会，福建医科大学附属协和医院编. --福州：福建人民出版社，2018.11（2024.3 重印）

ISBN 978-7-211-08045-8

Ⅰ.①0… Ⅱ.①福… ②福… Ⅲ.①婴幼儿－早期教育 Ⅳ.①G61

中国版本图书馆 CIP 数据核字（2018）第 229043 号

0～3 岁儿童早期发展指导——育儿宝典

0～3 SUI ERTONG ZAOQI FAZHAN ZHIDAO——YU'ER BAODIAN

编　　者：福建省计划生育协会
福建医科大学附属协和医院
责任编辑：吴梅香　赵　玮
出版发行：福建人民出版社　　**电　　话**：0591-87533169(发行部)
网　　址：http://www.fjpph.com　　**电子邮箱**：fjpph 7211@126.com
地　　址：福州市东水路 76 号　　**邮政编码**：350001
经　　销：福建新华发行（集团）有限责任公司
印　　刷：福建新华联合印务集团有限公司　　**电　　话**：0591-88208420
地　　址：福州市晋安区福兴大道 42 号
开　　本：700 毫米×1000 毫米　1/16
印　　张：11.25
字　　数：159 千字
版　　次：2018 年 11 月第 1 版
印　　次：2024 年 3 月第 25 次印刷
书　　号：ISBN 978-7-211-08045-8
定　　价：28.00 元